Diethard Volker Klann

•

Die Welt als Ewig-Gleiches und Ewig-Bewegtes

Diethard Volker Klann, geboren 1958 und aufgewachsen in einer Kleinstadt nahe München, war zeitlebens ein unbeliebter Sonderling, dessen Andersartigkeit zwar Aufmerksamkeit erregte, ihn aber dauerhaft aus jeder Gemeinschaft ausschloß. Bereits im Alter von 17 Jahren schrieb er Gedichte und Erzählungen, aber auch philosophische Abhandlungen.

Von 1978 bis 1985 studierte Diethard Volker Klann neue Sprachen und Philosophie in Amerika, Frankreich und Deutschland, in welchen Ländern er jeweils einen Hochschulabschluß erlangte.

1986 bis 1991 waren für Klann unruhige Wanderjahre teils in Deutschland, teils im Ausland, während derer er allerlei Berufskarrieren begann und wieder abbrach.

Seit 1991 lebt Diethard Volker Klann als freier Schriftsteller in Südostasien.

Diethard Volker Klann wirft der klassischen abendländischen Philosophie seit Plato vor, nach allzeit gültigen Wahrheiten gesucht und darüber die ewig-bewegte Dynamik des Seins übersehen zu haben. Gerade die Einsicht in diese Dynamik jedoch ist für Klann die größte Weisheit und das harmonische Einssein mit dieser Dynamik die höchste Lebenskunst.

Die **Welt als Ewig-Gleiches und Ewig-Bewegtes.** Gleich zu Beginn des Buches findet eine radikale Abwendung vom herkömmlichen Denken statt: Scheinbar Verschiedenes ist einander gleich, da das eine mit dem anderen Austausch hat und sich in das andere verwandeln kann. Zudem kann nichts ein für allemal festgelegt werden, denn alles ist in Bewegung. Weisheit besteht also nicht darin, etwas als für alle Zeit gültig und wahr zu erweisen, sondern sich mit dem Gesetz des allgegenwärtigen Wandels der weltlichen Dinge vertraut zu machen. In einer Fülle von Lehrsätzen wird die Einsicht in diesen Wandel angewandt auf Welt, Mensch, Moral und überhaupt auf alle wesentlichen Grundthemen der Philosophie.

Diethard Volker Klann

Die Welt als Ewig-Gleiches und Ewig-Bewegtes

Entwurf einer allgemeinen, zeitlosen Philosophie

FRIELING

Im *Frieling-Verlag Berlin* erschienen von Diethard Volker Klann bereits die Bücher „Hinein in die Nacht. Gedichte“ (ISBN 978-3-8280-3036-7) und „Den Kreis durchlaufen … Gedanken und Aphorismen“ (ISBN 978-3-8280-3038-1).

Die Schreibweise in diesem Buch entspricht den Regeln der alten Rechtschreibung.

Bibliographische Information der Deutschen Nationalbibliothek
Die Deutsche Nationalbibliothek verzeichnet diese Publikation in der Deutschen Nationalbibliographie; detaillierte bibliographische Daten sind im Internet über http://dnb.d-nb.de abrufbar.

Rheinstraße 46, 12161 Berlin
Telefon: 0 30 / 76 69 99-0
www.frieling.de

ISBN 978-3-8280-3037-4
E-Book: ISBN 978-3-8280-3338-2
1. Auflage 2012
Umschlaggestaltung: Michael Reichmuth

Printed in Germany

Inhalt

Der Mensch zündet sich selber (berührt) in der Nacht ein Licht an, wenn er gestorben ist und doch lebt. Im Schlaf berührt er den Toten, wenn sein Augenlicht erloschen, im Wachen berührt er den Schlafenden.

(Heraklit)

Das Sinnbild der Welt und des Lebens:

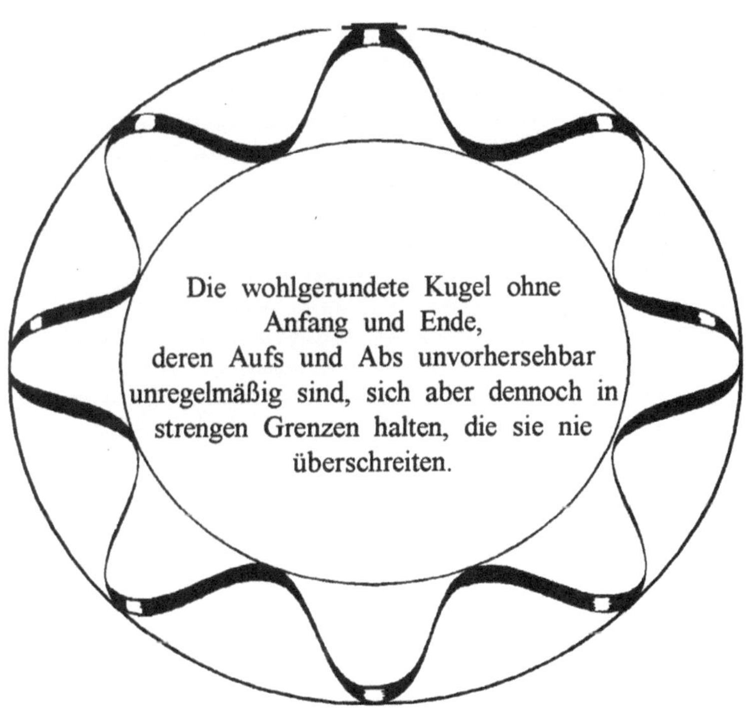

Vorbemerkung

Es gibt nur zwei unumstößliche, ewig-gültige Wahrheiten:

1.) daß alles das Gleiche ist (oder umgekehrt: daß es nichts von einem anderen Verschiedenes gibt);
2.) daß alles ständig in Bewegung ist (oder umgekehrt: daß es nichts Unbewegtes gibt).

Zu 1.)
Daß alles das Gleiche ist, daran kann gar kein Zweifel sein, denn wie könnten sonst scheinbar ganz verschiedene Dinge sich gegenseitig schaden oder nützen, sich ziehen oder stoßen und sich ineinander verwandeln? Denn voneinander gänzlich Verschiedenes könnte doch niemals aufeinander wirken, sich untereinander austauschen oder sonst irgend etwas miteinander zu tun haben.

Die Pflanze lebt aus der Erde. Wie wäre das möglich, wenn Erde und Pflanze wesensmäßig voneinander verschieden wären und daher gar keine Verbindung zwischen ihnen sein könnte? Und die Kuh, die doch hauptsächlich aus Fleisch und Milch besteht, ißt vor allem Wiesengras. Wie wäre das möglich, wenn nicht Milch, Fleisch und Gras trotz ihrer scheinbaren Verschiedenheit im Grunde das Gleiche wären? Unser menschlicher Körper, der hauptsächlich Wasser, Fleisch und Knochen ist, nimmt beständig Luft in sich auf (ja, ohne sie aufzunehmen, ginge er sogar zugrunde). Auch die Meereswelle mischt sich mit Luft und erzeugt daher beim Umschlagen Schaum. Wie wäre das alles möglich, wenn Fleisch, Knochen, Luft und Wasser Verschiedenes wären und daher gegenseitig nicht aufeinander wirken könnten? Selbst der Vegetarier, der nie Fleisch ißt, zieht die Erhaltung seines eigenen Fleisches aus der nicht-fleischlichen Kost, die er zu sich nimmt. Auch das wäre ganz und gar unmöglich, wenn Vegetarierkost und Fleisch etwas dem Wesen nach Verschiedenes wären. Und sogar unsere Gedanken und Gefühle, die doch immateriell sind, beeinflussen ganz erheblich unseren Körper, der doch materiell ist, und umgekehrt. Auch das wäre nicht möglich, wären nicht Materielles und Immaterielles wesensgleich. Unsere Vernunft begreift die tote Materie und die tote Materie wirkt zurück auf unsere Vernunft. Wie wäre das wiederum denkbar, wären beide nicht im Grunde das Gleiche? Und so läßt sich die Liste der Beispiele bis ins Unendliche fortsetzen.

Die Vielheit der Stoffe ist also eine Illusion, denn in Wahrheit sind alle Stoffe ein Stoff, der sich in sich selbst bewegt. Ebenso ist die Verschiedenheit von Geistigem und Stofflichem eine Illusion, denn beide sind eins, und dieses Eine bewegt sich in sich selbst. Und gleich allen Illusionen sind auch diese Illusionen gefährlich und müssen bekämpft werden.

Zu 2.)

Daß alles in Bewegung ist, läßt sich ganz leicht aus der Erfahrung ableiten, da gewiß noch niemals jemand etwas zu sehen bekam, das sich im Zustand völligen Stillstands befunden hätte. Irgendeine, wenn auch noch so kleine Bewegung ist in allem. Außerdem sind auf dem Planeten, wo wir leben, allein schon deswegen alle Dinge in Bewegung, weil der Planet selbst sich bewegt und somit alles auf ihm Befindliche sich mit ihm bewegt. Und auch alle anderen Himmelskörper sind – wie jedermann weiß – stets in Bewegung.

Die Bewegung von allem und in allem läßt sich aber auch noch auf eine andere Art erweisen. Man versuche doch nur einmal, ein Ding zum ewigen Stillstand zu bringen. Ein solcher Versuch wird die Tatsache der immerwährenden Bewegung aller Dinge gewissermaßen auf dem Weg der „Gegenprobe“ belegen. Denn wäre nicht immerzu alles in Bewegung, müßte es doch möglich sein, ein beliebiges Ding ein für allemal zum Stillstand zu bringen. Die Erfahrung zeigt aber, daß ein Ding, dem man in dieser Weise Gewalt anzutun versucht, hierdurch zumeist schon nach kurzer Zeit zerstört wird. Durch die Zerstörung aber wandelt es sich in ein anderes Ding, als welches es sich dann abermals bewegt, zumal ja auch die Wandlung selbst schon eine Bewegung war. Wahrhafter Stillstand ist also eine Illusion, die gleich allen Illusionen gefährlich ist und bekämpft werden muß.

* * *

Wenn also alles in Bewegung ist, dann ist es vernünftig anzunehmen, daß all diese Bewegung aus einem „Urgrund“ ursprünglich hervorkomme. Dies läßt sich natürlich niemals beweisen, aber wir haben doch Veranlassung, es anzunehmen. Dieser Urgrund jedoch kann nicht selbst noch einmal bewegt sein, sonst wäre er ja nicht der Urgrund zu allem Bewegten, und man müßte dann abermals einen Urgrund für den Urgrund annehmen und immer so fort. Vernünftig ist daher, den Urgrund gleich von allem Anfang an als ewig und völlig bewegungslos anzunehmen.

Leider aber haben wir ja bereits eingangs zweifelsfrei dargelegt, daß es etwas Stillstehendes (und noch dazu Ewig-Stillstehendes!) überhaupt nicht gibt. Folglich also müssen wir annehmen, daß es den besagten Urgrund überhaupt nicht gibt oder daß er eben doch an sich selbst auch noch einmal bewegt sei, was wir ja aus gutem Grund ein paar Zeilen weiter oben verneint hatten.

An dieser Stelle ist gewiß so mancher Leser versucht, alles weitere Denken in diese Richtung aufzugeben aus Angst davor, sich das Gehirn zu verrenken. Denn bestehen bleiben muß unser Widerspruch, sonst müßten wir die zu ihm führenden Voraussetzungen und damit auch die zweite uns bekannte, ewig-gültige Wahrheit, daß alles bewegt sei, aufgeben. Andererseits scheint es aber, daß, wenn der Widerspruch nicht beseitigt wird, wir nicht vernünftig werden weiterdenken können.

Die Lösung des Problems liegt für mich in folgendem ganz einfachen Gedankengang: Nehmen wir doch unseren Widerspruch selbst als den von uns geforderten Urgrund an, oder nehmen wir zumindest an, daß, wenn unser Widerspruch schon nicht dieser Urgrund selbst sei, er doch zwingend zu ihm gehöre und ein Teil von ihm sei. Wenn wir dies annehmen, ist unser Problem tatsächlich gelöst, denn einerseits bleibt der Widerspruch bestehen (was wir weiter oben forderten, weil wir es fordern mußten), und andererseits steht unser Widerspruch nicht mehr dem vernünftigen Fortschritt unserer Gedanken im Wege (was wir gleichfalls weiter oben forderten, weil wir es fordern mußten.) Und überhaupt bietet sich denkerisch nichts so sehr als Urgrund aller Dinge an als eben gerade der Begriff des Widerspruchs, da dieser sowohl statisch als auch dynamisch ist und gleichzeitig für Starre, Ausweglosigkeit und Sackgassenartigkeit, aber auch für Hin-und-her-Bewegung, Spannung und Kampf zwischen den Gegensätzen steht.

Den solcherart gedachten Urgrund, da er das gesamte Universum bewegt und trotz seiner Allgegenwart für uns Sterbliche nie wirklich faßlich ist, nenne ich das „Große Geheimnis“. Anaximander nannte es „Apeiron“ (= das Maßlose), da es anders als alle anderen Dinge keinem Maß unterworfen ist. Das Gesetz oder das Bündel von Gesetzen dem alles Bewegte in seiner Bewegung untersteht, nenne ich in Anlehnung an Heraklit „Logos“.

Da unsere Seele Ruhe findet in der Annahme, daß unser obiger Widerspruch der Urgrund von allem oder zumindest Teil dieses Urgrunds sei, so wie alles Seiende in bezug auf den Urgrund Ruhe findet, gehe ich davon aus, daß Welt und Seele unter dem gleichen Logos stehen und im Grunde wesensgleich sind (siehe hierzu auch 1.). Hieraus erkläre ich es mir, daß wir mit der Seele überhaupt Wahrnehmungen haben, denn es leuchtet ein, daß nur Gleiches Gleiches erkennt.

Eine wichtige Tatsache, auf die man bei der Beobachtung der Welt ebenfalls immer wieder stößt, ist, daß alle unbelebten Stoffe und alle Lebewesen sowohl in bezug auf sich selbst als auch im Verhältnis untereinander ein gewisses „Maß“ halten. Wird dieses über-. oder unterschritten, kommen – um mit einem altgriechischen Motiv zu sprechen – die „Erinnyen“, die Helferinnen der Göttin des Rechten, und stellen das rechte Maß wieder her. Jedem Stoff und jedem Lebewesen liegt also gewissermaßen eine „Idee“ zugrunde, in der nicht nur seine Eigenart und sein Platz im Gesamten der Natur enthalten sind, sondern vor allem auch sein rechtes Maß. Dieses rechte Maß geht ständig verloren, um ebenso ständig von den Erinnyen immer wieder aufs neue hergestellt zu werden. Alle Ideen und ihre Verkörperungen sind also Teil innerhalb desselben Regulationsmechanismus und daher ein großes Ganzes, das sich in sich selbst bewegt. Der weiter oben postulierte Urgrund allen Seins und aller Bewegung ist mit Sicherheit auch der Urgrund aller dieser Ideen und ihrer Verkörperungen.

Das große Geheimnis, Logos, Seele und die Frage, wie man das Gute erlangt und lebt, werden im folgenden immer wieder neu auftauchen und behandelt (vielleicht sogar beantwortet?) werden.

Einleitung

Die Regungen der Seele und die Regungen der Welt sind untrennbar ein und dasselbe, das sich in sich selbst bewegt.

Denken und Sein sind untrennbar ein und dasselbe, das sich in sich selbst bewegt.

Wort und Welt sind untrennbar ein und dasselbe, das sich in sich selbst bewegt.

Körper, Seele und Welt sind untrennbar ein und dasselbe, das sich in sich selbst bewegt.

Und alles ist eins und untrennbar ein und dasselbe, das sich in sich selbst bewegt.

Das Spiel der Welt ist unterteilt in vier Partien zu je zwei Partnern:

1.) Seele mit Seele.
2.) Materielles mit Materiellem.
3.) Seele mit Materiellem.
4.) Materielles mit Seele.

Seele unterteilt sich in Erlebtes und Erinnertes, wobei stets ersteres zu letzterem und letzteres zu ersterem wird.

Regulatoren des Spiels sind die Erinnyen und die Zeit. Beide braucht man nie zu rufen, denn sie sind allgegenwärtig und immerzu tätig.

Die Seele bedarf ständig des Materiellen, um Erlebtes in Erinnertes und Erinnertes in Erlebtes zu wandeln, und das Materielle bedarf ständig der Seele, um Unbelebtes in Belebtes und Belebtes in Unbelebtes zu wandeln.

Man sieht leicht ein, daß sich aus alledem ein höchst mannigfaltiges Spiel mit ständiger Bewegung und ständigem Wandel entwickeln muß.

Das Materielle unterteilt sich in Lebewesen (Mensch, Tier- und Pflanzengattungen) und in Stoffe. Die Lebewesen untereinander pflegen Austausch und die Stoffe ebenso. Und Lebewesen und Stoffe tauschen sich selbst noch einmal untereinander aus.

Die Seelen hingegen unterteilen sich in verschiedene Charaktere und innere Haltungen, die gleichfalls untereinander Austausch pflegen.

Dieses Spiel aus Stoffen, Lebewesen und Seelen ist sehr lebhaft und wechselreich. Harmonie und Disharmonie lösen sich hierbei gegenseitig ab und erzeugen die riesige, zeitlose Harmonie des Kosmos.

Kenntnis des Spiels und des sich in ihm ausdrückenden Logos ist ein zeitloser Schatz, der uns jetzt und in alle Ewigkeit nützlich ist und sein wird.

***

Ein Lebewesen, ein Charakter oder eine innere Haltung sind jeweils eine „Idee". Und die Ideen agieren untereinander. Frißt eine Schlange einen Frosch, überwältigt die Idee „Schlange" die Idee „Frosch". Löst ein Stoff einen anderen auf, löst seine Idee die Idee des anderen auf und nimmt sie in sich hinein. Herrscht ein Mensch über einen anderen, erhebt sich die Idee „dominanter Charakter" über die Idee „unterwürfiger Charakter", oder die Idee „unerschütterliche innere Haltung" triumphiert über die Idee „nachgiebige innere Haltung". Neben diesen Formen der Zerstörung, Auflösung und Dominanz gibt es natürlich noch unendlich viele andere Umgangsformen der Ideen untereinander nebst ihren Varianten: Liebe, Haß, Anziehung, Abstoßung, Nutzen, Schaden, usw. All diesem liegt ein Logos zugrunde, auf den es achtzugeben gilt.

Und Alles ist Eines und Allem liegt ein Urgrund zugrunde, denn sonst könnten ja nicht all diese augenscheinlich ganz verschiedenen Dinge aufeinander wirken und miteinander in Verbindung sein. Alles ist also auch immer das Gleiche und Ewig-Eine.

***

Aus den Regungen der Seele heraus bearbeiten wir die Welt, und die Welt antwortet, indem sie die Seelen bearbeitet, was die demgemäß veränderten Seelen dann abermals zu anderer Arbeit antreibt und die veränderte Welt daraufhin ebenfalls wieder zu anderer Arbeit an den Seelen usf. Wer hier auf den falschen Logos verfällt, hat schnell sich selbst und noch vieles andere zerstört. Nichts ist schlimmer als ein Logos, der einen nicht mehr losläßt und vorwärtstreibend die unter sich zwingt, dic ihn einst ins Leben riefen.

Großes Geheimnis, Welt, Apeiron, Universum, All, Kosmos

Die Welt hat einen ersten Anfang und hat keinen ersten Anfang, denn setze der Notwendigkeit nach einen Anfang fest, und schon wandelt er sich in Nicht-Anfang.

Die Welt ist eine in sich bewegte Einheit, in der alle Dinge gleich wirklich und gleich wichtig sind. Und daß uns ein Ding klein und unbedeutend, jedoch ein anderes groß und erhaben erscheint, ist nur unserem Mangel an Einsicht zuzuschreiben.

Auf und Ab, Hinzufügung und Abziehung, Mehr-Werden und Weniger-Werden, Entstehen und Vergehen, Emporsteigen und Fallen: der ewige Aktienmarkt der Welt.

Die Namen, die man dem Großen Geheimnis bisher gab, sind alle falsch. Denn entweder benannte man es nach etwas Seiendem, gerade so, als sei das Große Geheimnis Teil des Seienden, oder man benannte es nach etwas Nicht-Seiendem, gerade so, als sei das Große Geheimnis etwas Nicht-Seiendes. Das gerade eben aber macht es ja so schwierig, das Große Geheimnis zu erkennen, daß es Teil des Seienden und nicht Teil des Seienden ist.

Heraklit nahm eines der vier Elemente (nämlich das Feuer) als das Große Geheimnis an. Er holte somit das Große Geheimnis wieder zurück in das Seiende hinein, aus dem es vor ihm Anaximander, der es „Apeiron“ nannte, herausgenommen hatte. Beide großen Männer irrten gleichermaßen. Denn niemals könnte zugegeben werden, daß etwas überall so deutlich Wahrnehmbares wie das Große Geheimnis nicht Teil des Seienden sei, und gleichzeitig könnte niemals zugegeben werden, daß etwas alles Seiende so unfehlbar Beherrschendes Teil des Seienden wäre.

Auf dem ewigen Aktienmarkt der Welt bewirkt jeder Gewinn an einer Stelle einen gleich großen Verlust an einer anderen Stelle und umgekehrt. Bei allem Auf und Ab und Hin und Her bleibt somit die Sache selbst immer unverändert die gleiche.

Für das Große Geheimnis ist jede Veränderung des Seienden eine Frage. Und es hat unfehlbar auf jede Frage die passende Antwort.

Wir müssen zwingend annehmen, daß das Seiende eine Grenze habe, und auch ebenso zwingend, daß es keine habe. Daher ist nur dies allein Wahrheit und dies allein die Natur des Seienden: Es hat eine Grenze und es hat keine Grenze.

Auseinander- und zusammenstrebend sich wandelnd, bleibt es ewig unverändert das Gleiche.

Das Apeiron ist ein unendlich reicher Mann, der vor unendlich langer Zeit mit all seinem Kapital eine unendlich große Aktiengesellschaft aufkaufte, allein die Firmenleitung übernahm und auch allein seither alle ihre Produkte und Aktien aufkauft. Und so steht dieser unendlich reiche Mann ewig unveränderlich da und wandelt mit seiner linken Hand Rohstoff in Ware, Ware in Geld und Geld in Rohstoff und mit seiner rechten Hand Firmenanteile in Aktien, Aktien in Geld und Geld in Firmenanteile. Und trotz der nie endenden Tätigkeit seiner Hände ist dieser unendlich reiche Mann von einer Ewigkeit zur anderen noch niemals einen Pfennig ärmer oder einen Pfennig reicher geworden.

Die Welt ist ein Spiel, bei dem alle Dinge sich ständig verändern, damit das Ganze stets unverändert bleibt. Und die Figuren in diesem Spiel werden niemals mehr oder weniger, sondern indem sie sich wandelnd durcheinandergehen, bleiben sie an Art und Zahl ständig gleich.

Vielen fällt es schwer zu akzeptieren, daß etwas, das ungeschaffen, nicht entstanden und unvergänglich ist, sei.

Die Welt gleicht dem Mauerbogen: Dadurch, daß jeder seiner Teile fallen will, steht er, und dadurch, daß er steht, will jeder seiner Teile fallen.

Das All ist der perfekte Widerspruch: Aus ihm kommt alles in derselben Weise heraus, und in es kehrt alles in derselben Weise zurück. Und das immerwährende Sich-selbst-Widersprechen garantiert die Ewigkeit der Bewegung.

Der Urgrund von allem ist der Selbstwiderspruch. In ihm ist die ewige Bewegung angelegt, nach der alles geschieht.

Das Universum bleibt in seiner ewigen Bewegung sich selbst immer gleich. Das ist ein unabänderliches Gesetz. Im Rahmen dieses Gesetzes erfüllt die Arbeit der Erinnyen einen zweifachen Zweck: Durch Zerstörung allzu großer Bewegung in einer Richtung wird eine tatsächliche Veränderung des Ganzen verhindert, und diese Zerstörung an sich selbst ist auch gleichzeitig wiederum Motor der ewigen Bewegung. Das obengenannte unabänderliche Gesetz könnte daher aus einem anderen

Blickwinkel heraus auch ebensogut lauten: Das Universum bleibt *durch* seine ewige Bewegung sich selbst immer gleich.

Um in ewiger Bewegung ewig gleich zu bleiben, bedient sich das All zweier Kräfte: 1.) dem ewigen Streben nach Veränderung und 2.) der ewigen Vereitelung dieses Strebens.

Durch ewige Zwietracht lebt die Welt in ewiger Eintracht, und in ewiger Zwietracht lebt die Welt durch ewige Eintracht.

Das Einzelne ist Werden und Vergehen, das Ganze ewig unverändert und sich selbst gleich.

Der kleine Kosmos (unser Körper) ist ein Spiegel des großen Kosmos (des Alls).

Nichts ist unserer Seelenverfassung wohltuender als die Schönheit des Kosmos.

Alles ist Eins und Eines Alles, und das der Vielheit wahrhaft Zugrundeliegende ist die Einheit.

Die Welt: Sich-Anziehen und Sich-Abstoßen, Aufeinander-Zugehen und Voneinander-Weggehen, Sich-Vereinigen und Sich-Trennen, Ganz-Sein und Teil-Sein; das alles gemäß dem Wesen der Dinge und der Ordnung der Zeit.

Denn dem Bewegten und Veränderlichen liegt die unbewegte und unveränderliche Einheit des Alls zugrunde.

Der Kosmos wurde nie geschaffen und kann daher auch niemals vergehen, und all das viele Werden und Vergehen, auf das wir ständig stoßen, ist nur unserer Beschränktheit zuzuschreiben.

Hätte das All Empfindungen, gäbe es das All überhaupt nicht. Nur wir beschränkten Menschen, wir haben Schmerzen und grämen uns ein Leben lang. Daher kommt es auch, daß aller Schmerz sofort von uns abfällt, wann immer wir uns eins wissen mit dem All.

Alles verändert sich, damit das All ewig gleich bleibt.

Genauso wie uns immer nur der Körper eines Menschen sichtbar ist und wir an ihm das Unsichtbare aus dem Sichtbaren erschließen müssen, ist uns immer nur der Körper des Universums sichtbar, und wir müssen auch hier das Unsichtbare aus dem Sichtbaren erschließen.

Die Welt in uns und die Welt um uns sind ein und dieselbe Welt, die sich in sich selbst bewegt.

Die Unwissenheit darüber, daß alles eins ist, ist ein Mittel des Alls, alles in Bewegung zu halten, denn indem alles seinem kleinen Privategoismus nachstrebt, bleibt das Ganze sich in sich selbst bewegend gleich. Aber freilich, auch wenn das Wissen, daß alles eins ist, allgemein wäre, gäbe es darum noch keinen Stillstand. Aber die Bewegung wäre dann längst nicht so dramatisch.

Fehlte dem Kosmos das Hörbare, gäbe es ihn immer noch, fehlte ihm das Sichtbare, könnte er sich nicht bewahren, und fehlte ihm das Feste und Greifbare, gäbe es ihn überhaupt nicht.

Das All spielt mit allen Dingen, und unter den Lebewesen ist allein der Mensch ihm ebenbürtig, denn er kann auch mit ihm spielen.

Die Welt ist ein ewiges Schieben und Geschoben-Werden, und eins drückt sich beständig ins andere, und all dieses ist eins, und all diesem liegt das Gleiche zugrunde.

Alles ist Eines und das Gleiche, und dieses Eine und Gleiche bewegt sich in sich selbst.

Die Welt ist uns nur deswegen einsichtig, weil wir ein Teil von ihr sind und wir sie daher erkennen, wie Gleiches eben Gleiches erkennt.

Das Universum führt einen Krieg, den es in jedem Augenblick gewinnt und in jedem Augenblick verliert.

Vielen fällt es schwer einzusehen, daß etwas, das sich ewig ändert, ewig gleich bleibt.

Der nächtliche Sternenhimmel bleibt in seiner ewigen Bewegung und Veränderung immer gleich, und der Eindruck, daß an ihm gelegentlich Altes verschwinde und Neues hinzukomme, ist nur unserem Mangel an Zeit und Einsicht zuzuschreiben.

Der Mensch

Der Mensch ist ein Kosmos im kleinen, zusammengesetzt aus allem, was es im großen Kosmos gibt: tote Materie, Belebtes und Geist. Daher erkennt er auch alle Teile des Kosmos, denn Gleiches erkennt Gleiches (während Ungleiches nichts weiß von Ungleichem). Und so wie im großen Kosmos die Gestirne den Lauf des Lebens verkörpern, verkörpern im kleinen Kosmos diesen Lauf die Organe und Blutgefäße. Und nach dem gleichen Gesetz, nach dem die Gestirne ihre Zeit haben, hat sie auch der Mensch.

In jeder Bewegung unseres Körpers schwingt das ganze Universum mit, in jedem unserer Gedanken atmet das All, und in jedem unserer Gefühle bewegt sich der Kosmos.

Denn dem, der wir einmal waren, werden wir fremd, und den, der wir sein werden, kennen wir noch nicht. Und doch sprechen beide zu uns wie fernes Wetterleuchten, aus dem heraus plötzlich Blitze ganz in unserer Nähe einschlagen.

Unser Körper ist genauso unsterblich wie das Universum und das Universum genauso unsterblich wie unser Körper. Beide leben ewig, indem sie sich wandeln. Und unsere Seele ist genauso groß wie das Universum und das Universum genauso groß wie unsere Seele. Indem sie atmen, bleiben sie beide gleich groß.

Nach dem Tode wird unser Körper erst weich, dann starr. Beim Faulen stinkt er, jedoch zu Humus zerfallen, riecht er angenehm erdig.

Alle Kenntnis fängt an und endet mit der Selbsterkenntnis, und die Weisheit beginnt in dem Augenblick, in dem der Mensch den Grund seines Leidens entdeckt.

Die Schicksalsgöttin war grausam, als sie uns zu Menschen werden ließ, denn als solche sind wir zwar der Gesamtbewegung des Alls gleich allem Seienden unterworfen, empfinden jedes Ungemach und den damit verbundenen Schmerz aber als ein ganz persönliches Unglück, das uns ebensogut nicht hätte treffen können.

Wir können die schädliche und falsche Überzeugung, ein vom übrigen Universum losgelöstes und nach eigenen Gesetzen funktionierendes Ganzes zu sein, wohl nie völlig überwinden. Aber wir können uns an den wenigen erhabenen Augenblicken erfreuen, in denen wir deutlich spüren, wie grundverkehrt diese Überzeugung ist.

Die Zeugung zerstört das Leben der leblosen Stoffe, die Geburt zerstört das Leben im Mutterleib, die Kindheit zerstört die Geburt, die Pubertät zerstört die Kindheit, die Jugend zerstört die Pubertät, das Erwachsenenalter zerstört die Jugend, das Alter zerstört das Erwachsenenalter, der Tod zerstört das Alter, und die leblosen Stoffe fließen wieder in- und auseinander und erwarten freudig die nächste Zeugung.

Das Meer unter uns und der Regen über uns. Das eine wird aufsteigend dieses und das andere herabkommend jenes. Und wir sind mitten dazwischen.

Der Mensch: das einzige Tier, das in die Ordnung der Zeit eingreift, und zwar dahingehend, daß es seine Zeit verkürzt.

Der Mensch, Logos des Überlebens: Da er alles so richtete, daß er überlebt, stirbt er aus.

Die Sinne sind wie der Wind, der uns ins Gesicht bläst, das Denken wie die Luft, die wir atmen, und das Fühlen wie das zirkulierende Blut, das das Leben bald nach hierhin und bald nach dorthin bringt.

Im Feuer sterben wir, und in der Luft und im Wasser sind wir nicht sicher, denn unser Platz ist auf der Erde.

Wir haben uns eingerichtet auf dem Gipfel eines Berges. Nachts im Schlaf, wenn wir wie tot sind, löst der Berg sich auf, und unser Körper sinkt ins Tal, unsere Seele hingegen steigt gen Himmel.

Liebessaft, Fleisch, Blut und Milch: Von der Zeugung bis zum Tod fügen diese den Menschen immer wieder zusammen, und jenes wird beständig dieses und dieses beständig jenes.

Die Gattungen der Lebewesen entstehen, vermehren sich und sterben aus gemäß der Ordnung der Zeit. Und die Überreste, die wir von ihnen im Gestein finden und bewundern, werden auch von uns noch dasein, wenn es uns schon längst nicht mehr gibt.

Die wärmende Sonne und der kühlende Regen: und der Mensch beidem gleichermaßen ausgesetzt.

Unser Körper lebt, da das beständige Sterben all seiner Teile vorübergehend mit der beständigen Neugeburt des Lebenden in harmonischem Gleichgewicht steht. Doch in der Natur dauert solche Harmonie immer nur kurze Zeit, und bald löst sich alles wieder auf.

Da unser Körper immer zur Hälfte Sterben und Tod und zur Hälfte Geburt und Leben ist, nimmt es wunder, daß viele Menschen auf ihren Sterbetag völlig unvorbereitet sind. Sie wußten dann wohl schon zu Lebzeiten nicht, was Leben ist, sonst hätten sie doch an ihrem Sterbetag gewußt, was Sterben und Tod sind.

An eine so hochspezialisierte Einrichtung wie den Menschen heften sich die Erinnyen in wahren Scharen, ohne daß er noch eigens etwas dafür tun muß.

Sich wandelnd bleibt alles gleich, und wir selbst waren vorher etwas, sind jetzt etwas anderes und werden abermals anderes sein, um, eins mit allem, stets das Gleiche zu bleiben.

Sterbliche sind wir jetzt, Unsterbliche werden wir sein, dann wieder Sterbliche usf., in alle Ewigkeit. Und während wir Sterbliche sind, sehnen wir uns danach, Unsterbliche zu werden, und während wir Unsterbliche sind, wird unsere vollkommene Glückseligkeit unvollkommen durch das Wissen darum, daß wir wieder Sterbliche sein werden.

Jeder Mensch hat Verstand und ist von Natur aus dazu befähigt zu erkennen, was das gute Leben sei. Daher sind auch jene unentschuldbar, die lieber ihr Leben lang um sich und die Welt Lügengebäude errichten, anstatt dem guten Leben nachzustreben. Ob man allerdings, selbst wenn man ihm nachstrebt, es erreichen wird, ist eine andere Frage.

Das All hält mit uns Verbindung und steten Austausch; stammt es doch aus dem gleichen Urgrund wie wir, und wird es doch regiert von demselben Logos.

Die vier Elemente haben sich verschworen, uns eine bestimmte Zeit lang in unserer jetzigen Lebensform zu erhalten: Die Erde gibt uns Festigkeit, das Wasser strömt in uns, das Feuer erwärmt uns, und die Luft geht über Haut und Lungen ein und aus. Was aber ist der Beschluß der Verschwörer für die Zeit nach der bestimmten Zeit?

Wir sind, und wir sind nicht. Wir sind ein Teil im Spiel der Welt und doch auch wiederum etwas, das die Welt begreift und vernünftig über sie nachdenkt. Und als dies letztere sind wir wiederum kein Teil des Spiels.

Mit den Menschen verhält es sich wie mit den Sternen: Es gibt Monde, die um Planenten oder Sonnen kreisen, es gibt Planeten, die um Sonnen kreisen, und Sonnen, die von Planeten umkreist werden. Auch gibt es seltene Einzelsterne, die weder umkreisen noch umkreist werden. Und dann sind da noch die hehren, zeitlosen Sonnen, die schon seit langem erloschen sind und deren Licht bei Nacht immer noch auf uns herniederscheint und in uns den Sinn für Höheres stärkt.

Wir Menschen „sind" nicht, denn wir sind in allem immer nur Übergang von Vergangenem in Zukünftiges.

Wenn wir nach dem Tode auf unseren Körper herabblicken und sehen, wie er fault und stinkt, müssen wir über so vieles lachen, das uns jetzt hehr und heilig ist.

Der schöne Sternenhimmel berührt uns mit halb schmerzlicher und halb seliger Sehnsucht, weil wir uns bei seinem Anblick daran erinnern, daß wir aus ihm kommen und daher das Schmerzliche unserer jetzigen Lage und die Seligkeiten der Vergangenheit und Zukunft klarer als sonst vor Augen haben.

Die Wahrheit und das Wissen von ihr sind für uns Menschen die einzigen Dinge, die wirklich Wert haben und wirklich ewig sind, weil sie uns schon zur Zeit unserer Sterblichkeit an der Unsterblichkeit Anteil haben lassen.

Wir werden alle geboren, um zu sterben, und wir zeugen Kinder, damit das Geboren-Werden und Sterben kein Ende nehme.

Daß wir auf verschiedene Art leben und sterben, kommt nicht nur daher, daß jeder von uns einen anderen Platz in der Natur innehat, sondern auch davon, daß jeder von uns sich dieses Platzes in verschiedenem Grade bewußt oder unbewußt ist.

Das mühsame Leben von uns Sterblichen ist nur insofern etwas wert, als es uns Gelegenheit gibt, Prägungen zu erwerben, die uns später als Unsterblichen von Nutzen sein werden.

Die Natur lehrt und verändert uns. Wir hingegen können sie gar wohl verändern, sie aber nichts lehren.

Schmerz, Leid und Ohnmacht sind die Empfindungen, die uns vom Gottsein trennen.

Die meisten Körperteile haben wir doppelt, auf jeder Körperseite eines. Herz, Leber, Magen, Milz und die Organe und Körperteile der Mitte haben wir jedoch jeweils nur einzeln.

Es wäre für uns nicht besser, allmächtig zu sein.

Die Menschen sind alle gleich, denn sonst könnte man sie nicht sinnvoll allesamt Menschen nennen; und dennoch gab es noch nie zwei völlig gleiche Menschen.

Hätten wir Menschen keine Ohren, würde es uns immer noch geben, hätten wir jedoch keine Augen, hätten wir nicht überlebt, und hätten wir keine Arme und Beine, wären wir überhaupt erst gar nicht entstanden. Dies zeigt, daß die unsere Eigenart ausmachenden Dinge einen verschieden hohen Stellenwert in der uns zugrundeliegenden Idee einnehmen.

Wir haben keine Macht, denn wir sind Macht, und wir haben keine Autorität, denn wir sind Autorität, und wir handeln in niemandes Namen, denn wir sind, wer wir sind.

Der Mensch ist auch hierin Abbild des Alls, daß er ewig schmerz- und lustlos das Gleiche bleibt, sich aber gleichzeitig ständig unter Scherz und Lust verändert.

Es heißt, der Mensch sei das einzige Tier unter der Sonne, das sich selbst zum Objekt machen und darüber befinden kann, was oder wer es sein will. Diese Sichtweise jedoch ist falsch, denn wir sind wie jedes andere Tier ganz einfach das, als was wir geboren wurden, und daran können weder wir noch sonst jemand etwas ändern. Was uns aber tatsächlich von den übrigen Lebewesen unterscheidet, ist die Tatsache, daß wir als einziges Tier unter der Sonne die Wahl zwischen Wahrheit und Lüge haben, d. h., es ist uns überlassen, ob wir uns dem, was wir sind, auch gemäß verhalten oder ob wir uns verhalten, als seien wir jemand anderer als der, der wir nun einmal sind. Und der Gegensatz „gut – richtig <—> schlecht – falsch“ läßt sich im Falle des Menschen daher auch einfach als „wahr <—> unwahr“ zusammenfassen, denn wer in voller Wahrheit ganz er selbst ist, ist auch gut und richtig, wohingegen derjenige, der der Unwahrheit gemäß nicht er selbst ist, auch zwangsläufig schlecht und falsch zu nennen ist.

Logos, Erinnyen, Rechtes Maß

Der Logos: Warum sollte man ihn kennen?

Das Schicksal hat verhängt, daß wir uns aus diesem Leben nicht wegstehlen können, denn selbst wenn wir Selbstmord begingen, bewirkten wir dadurch doch nur das Eingehen unseres Körpers in den Bereich der unbelebten Stoffe. Unser völliges Verschwinden zu bewirken, steht jedoch außer unserer Macht. Oder allgemein gesprochen: Wir können zwar unsere gegenwärtige Seinsform verlassen, niemals aber das Sein als solches.

Aus dieser Unentrinnbarkeit unseres Schicksals folgt, daß es nicht nur nützlich, sondern sogar notwendig ist zu erkennen, wie das Sein ganz allgemein funktioniert. Denn nur so können wir Antworten finden auf die drei Fragen: „Was ist gut oder schlecht?", „Wie vermeide ich das Schlechte?" und „Wie erlange ich das Gute?".

Ohne zu wissen, wie das Sein funktioniert, lebe ich das Leben eines taubstummen Blinden. Ich mag zwar durch einen glücklichen Zufall auf das Gute stoßen, werde es aber als solches nicht einmal zu erkennen, geschweige denn zu bewahren und zu befördern wissen.

Wenn wir also nicht – wie leider die große Mehrzahl der Menschen – ein Leben lang die „blinde Henne" des Sprichworts sein wollen, die bestenfalls „auch einmal ein Korn findet", müssen wir uns mit dem Sein vertraut machen. Ja, so seltsam dies auch klingen mag, wir (ein Teil des Seins) müssen das Sein selbst ergründen.

Wie funktioniert das Sein?
Alles Seiende ist in ständiger Bewegung, und diese Bewegung wiederum steht unter dem Gesetz des Gegensatzes. Sehr deutlich sieht man dies beispielsweise beim Betrachten der vier Elemente: Die Luft bewegt sich und wird wieder still, das Wasser fällt als Regen zu Boden und steigt sodann als Dampf zum Himmel, das Feuer entzündet sich und verlischt, und die Erde türmt sich als Gebirge auf, um dann wieder zur Ebene zu werden. Das Gleiche gilt auch für das Spiel der Elemente untereinander: Das Feuer saugt die Luft auf, und die Luft bläst das Feuer aus. Das Land (steht hier für „Erde") schiebt sich ins Meer vor, und das Meer (steht hier für „Wasser") überschwemmt das Land.

Bei alledem herrscht übrigens eine gewisse „Fairneß": Steht die Luft besonders lange still, folgt nachher (gewissermaßen zum Ausgleich) besonders starker Wind. Ist das Wasser besonders lange als Regen gefallen, steigt es nachher umso mehr als Dampf auf. Hieraus können wir schließen, daß beim Spiel der Gegensätze eine Art unsichtbarer Regulationsmechanismus am Werke ist, der die Extreme bekämpft und die Dinge im rechten Maß zu halten bestrebt ist.

Aus diesen Gegensätzlichkeiten heraus entsteht eine gewisse, allgegenwärtige Ordnung, die es zu erkennen und zu studieren gilt. Und mit dem Logos, der sich in dieser Ordnung ausdrückt, müssen wir uns ganz vertraut machen, denn dann erkennen und erlangen wir auch das Gute; ist diese Ordnung selbst doch das Gute.

Frage den Logos etwas, und er wird antworten. Zum Beispiel, Logos moderner Annehmlichkeiten:

Bild A

Als der Mensch noch als Tier im Urwald lebte, hatte er nicht unsere modernen Annehmlichkeiten, doch er war gesund und starb getröstet von seinesgleichen. Heutzutage ist der Mensch viel kränker und braucht die ärztliche Wissenschaft, um zu überleben. Und darüber hinaus stirbt er allein und ungetröstet in einem sterilen Krankenhaus.

Bild B

In heißen Ländern baute man Häuser früher so, daß sie möglichst kühl und luftig waren. In unseren Tagen achtet man beim Bau eines Hauses auf so etwas nicht mehr, gibt es doch Ventilatoren und Klimaanlagen, die solche Rücksichten als überflüssig erscheinen lassen. Aber es gibt nun auch den Schmerz, den man leiden muß, wenn als Folge eines Defekts oder Stormausfalls Ventilatoren und Klimaanlagen stillstehen und man sich dann wider Willen in einem unerträglich heißen Gebäude befindet.

Bild C

Die Eskimos waren früher stark und gesund, setzten sie sich doch abhärtender Kälte aus und lebten von rohem, blutigem Fleisch. Seit sie Gaskocher benutzen, sind sie kränker, und die Umwelt ist ungesünder, denn die Gaswärme macht die Igludecke tropfen. Rohes Fleisch jedoch würden sie nicht mehr essen, sind sie jetzt doch verwöhnt und finden keinen Geschmack an ihm.

In allen drei Fällen (Bild A, B, C,) beantwortete der Logos die Fragen, die ihm die Menschen stellten, und es ist Weisheit, seine Antworten schon vor dem Stellen der Fragen vorhersagen zu können und somit in der Lage zu sein, in allem das Rechte zu tun.

Logos der Dummheit: Nicht wissen schafft die Gewißheit, alles zu wissen, und die Gewißheit, alles zu wissen, schafft, nichts zu wissen.

Logos der Klugheit: Das Bewußtsein, nicht alles zu wissen, treibt zur Erwerbung weiteren Wissens, und die Erwerbung weiteren Wissens schärft das Bewußtsein dafür, daß man nicht alles weiß.

Bedürfnisse, die man unterdrückt, werden durch das ihnen angetane Unrecht größer. Bedürfnisse hingegen, die man befriedigt, werden vorerst ebenfalls größer. Fährt man jedoch fort, sie weiterhin zu befriedigen, werden sie endlich kleiner und immer kleiner; und alsbald kann Neues beginnen.

Mit den Erinnyen läßt sich nicht rechten, denn sie haben immer recht. Wir können aber ihre Arbeitsweise studieren und lernen, den Logos dergestalt in Bewegung zu setzen, daß sie für und nicht gegen uns arbeiten.

Werden die Erinnyen uns jemals verzeihen, daß wir das Denken aus dem Sein herausnahmen?

Fliehe die Dinge und Umstände, die einen Logos besitzen, der sich aus sich selbst vermehrt und der so stark ist, daß er dich mitreißt und nicht aufhört, dich fortschreitend zu zwingen, Dinge zu tun, die du nicht tun willst.

Lebe dein Leben umgeben von Dingen, denen du selbst den Logos einhauchst, und sei Herr des Logos, wie du Herr deines Körpers und seiner Glieder bist.

Die Erinnyen sind blind gegenüber dem Wollen oder dem Leiden der Lebewesen, denn ihr Blick richtet sich nur auf das Seiende als Ganzes, in dem sie bei allen Dingen das rechte Maß zu erhalten trachten.

Die Erinnyen: Bewegerinnen des Logos.

Alles Sich-Bewegende steht unter dem Logos. Das allem Sich-Bewegenden Zugrundeliegende steht und steht nicht unter dem Logos.

Dumme, die das Leben belehrt: Menschen, die sich aus Unwissenheit nicht in den Logos fügen und daher beständig unter großen Schmerzen von den Erinnyen unter den Logos gezwungen werden.

Daß uns ihre Arbeit so große Schmerzen bereitet, ist der Grund dafür, daß wir den Erinnyen so selten dankbar sind, wenn sie uns wieder einmal auf den rechten Weg gebracht haben.

Im Gegensatz zu den anderen Göttern, die all ihre Zeit damit zubringen, sich von einer Ewigkeit zur anderen an dem ihnen gemäßen Ort in der ihnen gemäßen Weise auf und ab und hin und her zu bewegen, sind die Erinnyen unendlich vielseitige und allgegenwärtige Arbeiterinnen.

Wenn die Erinnyen nicht für alles, was außerhalb ihres Tätigkeitsbereichs liegt, so völlig blind und unsensibel wären, geriete der ganze Kosmos in Unordnung.

Der Logos ist in seiner Bewegung so vielseitig, daß man mit seinem Studium nie zu Ende kommt. Jedoch jeder neue Gedanke schärft den Verstand.

Die Frage, was das Rechte sei und wie wir es in die Tat umsetzen sollen, erneuert sich mit solcher Geschwindigkeit, daß sie sich, noch während sie gedacht oder ausgesprochen wird, schon unzählige Male selbst wiederholt hat.

Die Welle, die sich in der Brandung mächtig auftürmt, krachend um sich selbst rollt und dann zerfließt, um sich als Wasser in neuen und abermals neuen Wellen aufzutürmen: Genauso verhält sich die Frage nach dem, was das Rechte sei.

Ein einziges Wort kann so mächtigen Logos haben, daß es das ganze All erschüttert.

Wer etwas aufgebaut hat, muß es instand halten, und alle Aufwendungen hierfür sind Tributzahlungen an die Erinnyen, die man erst dann nicht mehr entrichten muß, wenn man alles wieder zerfallen läßt.

Dadurch, daß er alles unternimmt, seine Zeit zu verlängern, hat es der Mensch dahin gebracht, daß er sie verkürzte.

Dem einen ist dieses, dem anderen jenes angenehm und zuträglich, und der Logos antwortet jedermann gemäß dem, was der Betreffende ihm vorgibt.

Ein alter Mann mit langem weißen Bart wird in der Regel ein zartes junges Mädchen mit flaumigem Schamhaar über der Scheide deswegen gerne haben und sich zu ihm hingezogen fühlen, weil sie ihn mehr als andere an den Gegensatz erinnert, in den er sich wandeln möchte.

Richte einen Erdhügel auf, und er wird wieder flach werden, wie unsere Körper nur wachsen, um alsdann zu zerfallen.

Gieße ein wenig Wasser auf einen Haufen Sand, und der Haufen verfestigt sich. Gieße viel Wasser auf ihn, und er verläuft sich.

Die Erinnyen verhängen furchtbare Strafen über Menschen, die die Wahrheit leugnen. Nur die Todesstrafe verhängen sie erst spät oder überhaupt nicht, da dann ihre Aufgabe beendet wäre und sie ihre Arbeit doch lieben.

Der Logos der Lust ist dem des Muskels entgegengesetzt: Erstere wird durch Nutzung kleiner und durch Nichtnutzung größer und letzterer durch Nutzung größer und durch Nichtnutzung kleiner.

Liebessaft oder Tränen, die beim Orgasmus oder beim ehrlich gemeinten Weinen plötzlich hervorbrechen, sind angenehm und befreiend und auch schön anzuschauen; wird hier doch durch Entladung Übermaß zu Maß. Liebessaft und Tränen jedoch, die beständig in kleiner Menge grundlos hervortröpfeln, sind ekelerregend und lächerlich; bedeuten sie doch dauerhaftes Unmaß.

Die Erinnyen heften sich deswegen so gerne an die Fersen eines Aktienspekulanten, weil jeder, der an der Börse Geld machen will, klüger sein muß als die meisten anderen Investoren und seine Klugheit daher das Normalmaß ständig übersteigen muß.

Der Mensch, der wüßte, was das Große Geheimnis ist, müßte noch im gleichen Augenblick, von den Erinnyen erschlagen, tot umfallen

Der Natur sind die Erinnyen immanent, der Zivilisation äußerlich.

Fingernägel brechen zumeist an den Spitzen.

Das Gegeneinander führt nur deswegen unter soviel Aufwand hinauf und hinab und hin und her, damit am Ende alles so bleibt, wie es ist.

Nach vorangegangener langer Bewölkung ist der Sternenhimmel am schönsten.

Daß die Gegensätze zusammengehören, sieht man allein schon daran, daß jemand nur dann eine Sache wirklich beherrscht, wenn er auch gut mit ihrem Gegenteil umgehen kann.

Den Erinnyen ist es Lust, Unmaß zu zerstören.

Alle Logi sind einer.

Regen macht den Sonnenschein schön und Sonnenschein den Regen.

Die Frucht, auf der die meisten Fliegen sitzen, ist die reifste.

Um einen Knoten fester zu schnüren, muß man ihn erst öffnen.

In unserem Einzelbewußtsein sind wir Mensch, in unserem Allbewußtsein Gott. Vom ersten soviel wie nötig und vom letzten soviel wie möglich zu haben, gehört zur hohen Kunst des rechten Maßes.

Leben erzeugt Leben und Tod Tod. Noch mehr erzeugt Leben aber Tod und Tod Leben, denn das erste tun sie nur aus Übermut, das zweite nach Notwendigkeit.

Jedes Ding geht schwanger mit seinem Gegenteil nach der Art der Eintagsfliegen, die bei der Geburt ihrer Nachkommen sterben. Und macht man ein Ding stark, wird auch das Kind in seinem Bauch stark und die der Mutter todbringende Geburt tritt früher und heftiger ein, als wenn man es nicht stark gemacht hätte.

Einssein mit dem Logos ist das Paradies, mit ihm uneins sein die Hölle. Jedem bleibt die Entscheidung, ob er in Richtung Hölle oder Paradies geht, selbst überlassen.

Alles verändert sich immerzu nach demselben Gesetz, nach dem ewig alles gleich bleibt.

Jede Antwort geht mit neuen Fragen schwanger.

Wenn du glaubst, du habest es, entzieht es sich schon.

Ruhe und Geborgenheit sind gefährliche Illusionen; beruhen sie doch auf der Annahme, daß aus den letztlich erhaltenen Antworten keine neuen Fragen mehr kommen werden.

Niemals ist es völlig dunkel und niemals völlig hell.

Wir Menschen sind zu viele geworden und zu hoch hinaufgestiegen. Daher müssen wir weniger werden und tief fallen.

Aids ist ein Mittel der Erinnyen, uns darauf hinzuweisen, daß unsere Anzahl das ihr zugedachte Maß überschritten hat und wir zu viele geworden sind; wird diese Krankheit doch hauptsächlich beim Vermehrungsakt übertragen, und ist sie doch verbunden mit so etwas grundlegend Vitalem wie Blut und Sperma. Auch wütet sie am stärksten in Ländern mit hoher Geburtenrate. Und die Tatsache, daß sie nicht schnell tötet, sondern nach und nach die Lebenskraft zerstört, ist in diesem Zusammenhang ebenfalls symbolträchtig.

Und all das Wahre, das ich spreche, wird, kaum daß ich es gesprochen, unwahr.

Je besser ich mich auf das verstehe, das alles steuert, desto mehr bin ich Herr des Schicksals.

Das Auseinanderstreben trägt zur Harmonie ganz genausoviel bei wie das Zusammenstreben.

Am einen Ende zu ziehen, ist dasselbe, wie am anderen zu drücken.

Sind wir oben, ist es unsere Schuldigkeit zu sinken, und sind wir unten, ist es unsere Schuldigkeit zu steigen.

Das Gesetz, nach dem wir niemals dieselben bleiben, ist ewig dasselbe.

Das falsche Maß ist im Leben das, was der Mißton in der Sinfonie ist.

Gäbe es das andere Geschlecht nicht, würde der, der es erschaffen wollte, entweder für genial oder verrückt gelten.

Wir gehen vom Kleinen ins Große und vom Großen ins Kleine.

Es gibt nichts Giftiges oder Ungiftiges als solches, denn alles ist giftig, sobald es ein gewisses Maß überschreitet, hingegen ungiftig, solange es innerhalb dieses Maßes bleibt.

Bei Wasser und Wein immer wieder aufs neue die rechte Mischung zu wahren, ist ein Stück Weisheit.

Lebendig zu sein, heißt, im Bereich zwischen Lust und Schmerz hin und her zu pendeln.

Liege ich zu lange auf der rechten Seite, muß ich mich auf die linke legen und umgekehrt, bin ich zu lange gebückt, muß ich mich strecken und umgekehrt, und wärme ich meinen Rücken zu lange am Feuer, muß ich mich bald umwenden und die Brust wärmen und umgekehrt.

Logos des Leidens: Wer es überwindet, wird zum Weisen, wer nicht, zum Narren.

Gehörten die Gegensätze nicht untrennbar zusammen, könnte es keine Ironie geben, die ja gerade davon lebt, daß sie das, was sie anscheinend nachhaltig bejaht, eben gerade durch diese übermäßige Bejahung verneint und umgekehrt.

Das Neue rechtfertigt sowohl die Verdammung des Alten als auch seinen eigenen Einzug damit, daß es vorgibt, ein wichtiges Grundbedürfnis, das das Alte vernachlässigt und unbefriedigt gelassen hatte, nun endlich in vollen Zügen zu befriedigen. Und so lösen sich Moden und Lebensstile launisch ab, denn sie alle geben jeweils nur immer einen

Teilaspekt der Wahrheit wieder und werden daher schnell alt und von Neuem abgelöst aus demselben Grund, aus dem heraus sie einst selbst das Alte ablösten.

Das Junge wird Altes und das Alte Junges. Der Junge ein alter Mann und der alte Mann junger Humus.

Es ist immer und in allem tausendmal besser, klein und schwach zu sein und durch Verstand die Fähigkeit zu besitzen, bei Bedarf das Kleinere und Schwächere ins Größere und Stärkere zu verkehren, als groß und stark zu sein and keinen Verstand zu haben; zumal, wer Verstand hat, ja ohnehin niemals über die Maßen groß und stark ist.

Die Seele

Die Idee der Seele erscheint auf den ersten Blick als eine ganz willkürliche Erdichtung, läßt sie sich doch nirgendwo nachweisen. Und dennoch können wir ohne diese Idee nicht sein und denken, weil es sich ohne sie gar nicht dartun ließe, wie es denn uns, die Welt und unser Begreifen der Welt geben könnte.

Die Seele besitzt die Fähigkeit, das, was sie für wahr hält, auch wahr werden zu lassen. Können Menschen doch sogar, ohne sich die Füße zu verbrennen, über glühende Kohlen laufen, wenn sie nur fest davon überzeugt sind, daß sie sich nicht verbrennen werden, während Menschen, die diese Überzeugung nicht teilen, sich bei dem gleichen Versuch ganz jämmerlich die Füße verbrennen.

Das All atmet, und wir atmen durch unsere Seele an ihm mit.

Durch unseren Körper, der Erde ist, sind wir auf die Erde verbannt. Jedoch durch unsere Seele, die Luft ist, steigen wir zum nächtlichen Himmel auf und kreisen mit den Sternen.

Die Seele ist ein Universum, in dem sich stets Gleiches mit Gleichem und Gegensätzliches mit Gegensätzlichem verbindet.

Die Wunden der Seele befinden sich auf ihrem Grund. Sind sie groß, können sie von dort aus Strudel bilden, die alles mit sich reißen. Ist der Strudel doch ein Versuch der Seele, die Wunde auszuwaschen und sich selbst zu heilen.

Seelen, die entweder noch nie verwundet waren oder die geheilt sind und von vielen großen geheilten Wunden noch tiefe Narben tragen: die tiefsten und weisesten Seelen.

Was die Seele nicht denken kann, das gibt es auch nicht.

Die Seele ist wie das Meer. Tauchst du ihrem tiefen Grund entgegen, zerplatzen deine Lungen. Ihr schwerstes Wasser allerdings befindet sich am Grund.

Die Seele ist wie ein Wald von Gitarrensaiten, in dem sich in ständiger Bewegung Inneres nach außen und Äußeres nach innen wendet. Und schallt ein Ton in diesen Wald hinein, wird die Saite, die dem Ton entspricht, zu schwingen anfangen, ganz gleich, wie weit entlegen sie sich befinden mag.

Bei der Betrachtung des nächtlichen Sternenhimmels fühlen wir uns frei und emporgezogen; erinnert sich unsere Seele doch daran, wie sie einst von Milchstraße zu Milchstraße ihr ungebundenes Leben führte.

Unsere Seele atmet mit dem ganzen Kosmos.

Im Schlaf drückt unsere Seele sich deutlicher aus als im Wachen, da sie durch die Ruhestellung des Körpers mehr Freiraum erlangt, sich auf sich selbst zu konzentrieren.

Wer jemals daran zweifelte, daß unsere Seele ein Eigenleben führt und nicht einfach nur Spiegel unserer Erlebnisse, sondern des ganzen Kosmos ist, wird seine Zweifel verlieren, wenn er bedenkt, daß unsere Träume zwar in engem Zusammenhang mit den Erlebnissen stehen, die wir im Wachen haben, diese Erlebnisse aber keineswegs ursprungsgetreu wiedergeben, sondern allerlei Neues hinzutun.

Koffein regt an, und Alkohol beruhigt. Und wer auf das Auf and Ab seiner Seele zu hören versteht, hat beides nicht nötig.

Wirf einen Stein auf die Wasseroberfläche, und es bilden sich kleine und große Ringe. Wirf ein Erlebnis in die Seele, und es bilden sich Denken und Fühlen.

Die Seele dreht sich um ihre Wunden wie ein Hund, dem man den Schwanz abgekniffen hat, um die seine.

Lebten unsere seeletragenden Körper genauso lange wie die Planeten, würden gewiß schon alle Menschen in festen Bahnen umeinander kreisen, da unsere Seelen dann Zeit gehabt hätten, sich gleich den Planeten aus dem Widerspruch zwischen Anziehung und Abstoßung eine kosmische Ordnung zu schaffen.

Manchmal gibt es in der Seele etwas, das einen gefesselt hält. Dann können wir nur mit Hilfe einer anderen Seele den Knoten lösen.

Fügte die Seele sich nicht gleich immer so geschmeidig in die Natur ein, hätten wir keinen Begriff von der Schönheit.

Traum ist der Widerhall von Spannungen, die im Wachen nicht aus der Seele entweichen konnten.

Das Meer liegt am tiefsten, und von ihm steigt alles in die Höhe. Der Himmel hingegen liegt am höchsten, und von ihm fällt alles in die

Tiefe. Und so wird Meer zu Himmel und Himmel zu Meer; und unsere Seele war schon das eine wie das andere.

Der Ordnung der Zeit ist auch unterworfen, wenn sich in der Seele das Untere nach oben und das Obere nach unten kehrt.

Das Denken ist der Körper der Seele, das Gefühl ihr Gehirn. Der Körper jedoch ist immer der Sklave und das Gehirn der Herr.

Nach dem Tode begibt sich die Seele weder zu einem Gott noch zu einem Menschen, sondern sie bleibt, wie sie schon immer war.

Beim Weinen und beim Orgasmus verhält sich der Körper gegenüber der Seele solidarisch: Diese gibt ihr Übermaß in Form von Trauer und Lust ab, und jener gibt, ihr Übermaß imitierend, etwas Flüssigkeit ab.

Durch unser Geschlechtsorgan werden wir eins mit einem anderen Menschen und durch unsere Seele eins mit dem Kosmos.

Der Lustschrei beim Orgasmus kommt aus Körper und Seele gleichermaßen.

Beim Vorbeischreiten dringen durch unsere Sinne mannigfache Bilder auf uns ein, die die Seele beständig reicher machen, und es ist uns überlassen, wie wir in all das hineinblicken, um es zu dem zu machen, was es ist.

Urinierst du in ein wildes, fließendes Gewässer, verteilt sich der Urin so schnell und mühelos im Wasser, daß du meinen mögest, das Wasser des Körpers freue sich darüber, seinem Gefängnis entkommen und wieder frei an dem ihm gemäßen Ort leben zu können. Entweicht unsere Seele einst in den Kosmos, wird es mit ihr auch so sein.

Liebe lebt den Tod der Angst, Grausamkeit tötet das Leben des Schmerzempfindens, und Mut stirbt den Tod der Trauer. Gleichzeitig atmet die all diesem zugrundeliegende Seele mit dem Kosmos.

In unserer Seele sind alle unsere Gefühle beständig gegenwärtig. Aber geradeso, wie in der Dämmerung am Himmel je nach Lichteinfall nur diese oder jene Sterne sichtbar sind, nehmen wir in uns je nach Bewußtseinszustand nur das eine oder andere Gefühl in angemessenem Grade wahr.

Unter den schädlichen Dingen in unserer Seele ist die Illusion das schlechteste und gefährlichste. Denn nicht nur führt sie uns auf den falschen Weg, sondern sie verschleiert auch noch den rechten Weg.

Die Seele liebt den Mond, der Körper die Sonne, die Seele das Silber, der Körper das Gold.

Die Seele liebt den Mond und sein silbernes Licht so sehr, daß sie sich in mondenen Nächten ihrer vergangenen und zukünftigen Freiheit derart bewußt ist, daß davon auch der Körper noch gestärkt wird.

In Vollmondnächten, wenn silbernes Mondlicht auf den Blättern der Bäume glänzt, tanzen die befreiten Seelen zwischen den Wipfeln, um alsdann zum Mond hinaufzusteigen.

Zwischen von silbernem Mondlicht erhelltem Feuchten (Nebel, Wolken, Wasser, Tau etc.) und den Seelen besteht irgendein geheimnisvoller

Zusammenhang. Heraklit wußte wohl etwas davon, als er schrieb: „Die Seelen dünsten aus dem Feuchten hervor", und: „Für die Seele ist es Lust oder Tod, feucht zu werden." Klugen Menschen liegt hier noch ein großes Forschungsfeld offen.

Welt ist Sprache, Sprache Seele und Seele wieder Welt.

Sprache zieht die Seele und die Seele die Sprache in ihren Bann, denn beide durchzieht, was die ganze Welt durchzieht.

Die Zeit schreitet immerzu nur vorwärts, und viel Neues wird in ihr geboren, doch auch viel Altes lebt in ihr fort. Unsere Seele schreitet gleichfalls immerzu nur vorwärts, und viel Neues wird in ihr geboren, doch auch viel Altes lebt in ihr fort.

Unsere Seele durchdringt die Welt wie das Licht die Dunkelheit.

Hätte unsere Seele die Macht, das All zu beherrschen, würde sie bis ins letzte alles genauso belassen, wie es schon ist. Und wer weiß, vielleicht hat sie diese Macht sogar?

Die Narkose belehrt uns darüber, daß die Seele wirklich auf Gedeih und Verderb mit dem Körper verbunden ist. Denn ist der Körper in völligem Tiefschlaf, fehlen auch der Seele alle Empfindungen und Träume.

Die Seele scheint ihr Schicksal, eine bestimmte Zeitlang im Körper eingesperrt zu sein, zumeist hinzunehmen; endet doch nur ein geringer Teil der Menschen durch Selbstmord.

Wie eng Seele und Körper verbunden sind, können wir neben vielem anderen auch beim Erwachen der Geschlechtsreife beobachten, wenn körperliche Veränderungen auch ebenso große seelische Veränderungen mit sich bringen. Und der Vergrößerung der Geschlechtsorgane am Körper entspricht in dieser Zeit die Vergrößerung des Sexualinteresses in der Seele.

Vieles beeindruckt die Seele, doch den massivsten Eindruck auf die Seele erreicht man durch den Körper. Unmittelbare Einwirkung auf ihn berührt die Seele mehr als alles andere.

Vertrauen in die kosmische Ordnung ist Vertrauen in die Seele, und Vertrauen in die Seele ist Vertrauen in die kosmische Ordnung.

Kraftvoll ans Ufer gespülte Wellen treiben aufs Meer zurück, und wo sie sich mit ankommenden Wellen treffen, türmen sie sich zusammenstoßend auf. So ist es auch, wenn Neues in die Seele kommt. Das Neue trifft dort auf das Alte und das Alte auf das Neue, und der Zusammenprall erzeugt abermals Neues.

Seele ist das fünfte Element.

Unsere Seele ist dem Meer so sehr verwandt, daß sie, wenn wir am Strand stehen und die Wellen betrachten, am Auf und Ab des Meeres jedesmal lebhaft teilnimmt.

Von einem wissenden Menschen sind Einsamkeit und Langeweile gleich weit entfernt; atmet seine Seele doch mit dem ganzen Kosmos.

Nur Gleiches erkennt Gleiches. Wären Welt und Seele nicht ein und dasselbe, würden wir von der Welt gar nichts wissen.

Die Tatsache, daß die Seele nur an einen bestimmten Körper gebunden ist, hindert sie nicht daran, andere Körper und Seelen zu erkennen.

Kleidung, Haartracht und andere Äußerlichkeiten geben Ideen wieder, die die Seele von sich selbst hat, die aber durch den Körper nicht oder jedenfalls nicht ausreichend wiedergegeben werden.

Die Wolken werden Meer und das Meer Wolken. Folglich sind beide eins. Und der bestirnte Himmel über ihnen bleibt in seiner ewigen Veränderung ebenfalls beständig ein und derselbe unveränderte, wie unsere Seele in ihrer ewigen Veränderung ein und dieselbe unveränderte bleibt.

Unsere Seele gibt den Wolken Form und erhält die Sternbilder.

Was den Körper verlassen soll, ihn aber nicht verlassen kann, staut sich in ihm und macht ihn krank. Und was die Seele verlassen soll, sie aber nicht verlassen kann, staut sich in ihr und macht sie krank.

Es gibt dicke und dünne Seelen; die ersten schlucken viel und lassen wenig heraus, die letzten schlucken wenig und lassen viel heraus.

Nichts hält die Seele mehr davon ab, sich auf sich selbst und ihre Bestimmung zu besinnen, als die Schmerzen und Krankheiten des Körpers und der Umgang mit Unverständigen. Daher ist Pflege des Körpers ein Akt der Liebe gegenüber der Seele. Und Unverständigen geht man am besten aus dem Weg wie Menschen, die eine anstekkende Krankheit haben; sind Krankheit und Unverstand doch nahezu dasselbe.

Wer den indischen Tanz erfand, vermutete die Seele im Kopf, denn dieser Tanz besteht zur Hauptsache aus Kopf-, Gesichts- und Augenbewegungen. Wer den europäischen Ballett-Tanz erfand, vermutete die Seele in Armen und Beinen, denn dieser Tanz besteht zumeist aus Bewegungen dieser Körperteile. Beide geben jedoch nur Aspekte der Seele wieder.

Die Stimmungen der Seele und die Veränderungen des Wetters haben dasjenige gemein, daß sie nicht hinterfragt, sondern durchlebt werden wollen.

Wir sind alle Teil des Alls und seiner nie endenden Bewegung. Unsere Seele jedoch kann vernünftig über das All nachdenken. Hierdurch ist sie befähigt, sich selbst zum Subjekt zu erheben und das All zum Objekt zu degradieren. Schwache Seelen bleiben auf bloßes Teilsein beschränkt, starke jedoch machen sich zum aktiven Subjekt. Doch auch hier gilt der Grundsatz des rechten Maßes: Wer zu sehr nur Teil ist, den bestrafen die Erinnyen, und wer zu sehr nur Subjekt ist, den ebenfalls.

Betrachten wir die materielle Welt, sehen wir Seele in ihrer materiellen Bewegung, und betrachten wir die Welt der Gedanken und Gefühle, sehen wir Seele in ihrer immateriellen Bewegung. In beiden Fallen jedoch steht die jeweilige Bewegung unter dem gleichen Gesetz.

Beim Bestimmen der Sternbilder dichten wir den betreffenden Sternen nicht etwas an, das nur in uns ist, sondern wir sehen etwas, das diesen Sternen auch tatsächlich anhaftet.

Unser Körper ist an sich auch nicht lebendiger als jede beliebige andere sich bewegende Materie. Erst daß wir ihn lebendig denken, macht ihn in unserem Sinne lebendig.

Die Seele ist gleichzeitig Teil, Spiegel und Herr des Ganzen. In ihren Schwächen und Krankheiten ist sie Teil, in ihren Vorstellungen Spiegel und im wissenden Verstehen Herr.

Der Körper bewegt die ganze Seele, und die Seele sitzt im ganzen Körper. Im Gesicht und beim Sprechen jedoch tritt sie deutlicher hervor als bei anderem, da Gesicht und Sprechweise auch viel individueller sind als das übrige, das mehr zur Gattung als zum Individuum gehört.

Unsere Geburt fesselt unsere Seele, und unser Tod setzt sie wieder frei. Im Tugendhaften jedoch regt sie sich trotz der Fesseln schon zu Lebzeiten sehr heftig und verwirrt und tröstet ihn. Gefesselte Seele: das Menschliche und Sterbliche. Entfesselte Seele: das Göttliche und Unsterbliche.

Beim Weinen gibt die Seele Wasser ab.

Das Sehen mit den Augen und das Sehen mit der Seele unterscheiden sich nicht so sehr ihrem Wesen nach, sondern durch den erheblich unterschiedlichen Grad an Weite und Tiefe.

Wettläufer berichten, daß ihnen beim sportlichen Wettkampf nichts so sehr zu Hilfe käme wie die innere Vorstellung, daß ihr Körper kühl und federleicht sei. Hitze und Schweißabsonderung lassen dann nach, und die Muskeln entspannen sich, wie es einem kühlen und federleichtem Körper angemessen ist.

Der Körper ist das Gefängnis der Seele und die Seele das Gefängnis des Gefühls. Das Gefühl hinwiederum ist das Gefängnis des Denkens, denn nichts wird gedacht, was das Fühlen nicht erlaubt. Daher muß bei Menschen, die Wahres für unwahr und Unwahres für wahr halten, die Korrektur beim Gefühl und nicht beim Denken ansetzen.

Nur Seele kann Seele heilen, und die Heiler unter den Seelen sind solche, die entweder heil oder geheilt sind.

Wäre uns die Seele unmittelbar zugänglich, wären wir allmächtig.

Die Natur spricht so klar zu uns, daß unsere ganze Seele im Klang ihrer Worte mitschwingt.

Wenn die Welt so ist, wie unsere Seele sie denkt, dann kann unsere Seele die Welt auch beherrschen.

Daß mitunter unbedeutende, materielle Vorgänge großen Eindruck auf die Seele machen, können wir leicht feststellen, wenn wir eine Filmkassette im Videorekorder laufen lassen. Wir erleben dann Geschichten von Menschen und Dingen und ihrem Wechselspiel untereinander. Alledem jedoch liegen nur ein paar elektrische Reize zugrunde, die von einem Band ausgehen und weitergereicht auf den Bildschirm in Bilder und Töne verwandelt werden. Und so wird im Materiellen Bedeutungsarmes zu Bedeutungsreichem in unserer Seele.

Die Gefühle Angst und Demut sind eng miteinander verwandt; haben sie doch beide dasjenige gemeinsam, daß sie auftreten, wenn man nicht über, sondern unter den Dingen steht.

Ohne größere Mühe können wir in unserer Seele bewerkstelligen, daß uns plötzlich Fernes nahe und Vergangenes und Zukünftiges gegenwärtig sind.

wissend <—> unwissend
verständig <—> unverständig
klug <—> dumm
vernünftig <—> unvernünftig
mündig <—> unmündig
gut <—> schlecht
wahr <—> unwahr

Der Unwissende gleitet im Sterben aus dem Leben heraus wie ein Neugeborenes aus der Scheide seiner Mutter: ist in der Zeit seines Lebens doch nichts geschehen.

Nur ein gebeugter Rücken macht Unverstand erträglich.

Mit den Augen hören und mit den Ohren sehen: Betrachtet man das Treiben der Unverständigen, möchte man meinen, sie verbrächten ihre Zeit damit, an der Vollbringung eines solchen Wunders zu arbeiten.

Der Dumme weiß von den Regungen seiner Seele nicht einmal soviel wie der gemeine Menschenverstand vom Leben auf anderen Planeten.

Bewegt sich das Geäst in den Bäumen, weiß man, daß der Wind weht, und sieht man kleine Ringe auf der Wasseroberfläche, weiß man, daß es regnet. Der Dumme aber weiß nicht einmal den Regungen seiner eigenen Seele die ihnen zukommenden Namen zu geben.

Der Wissende ist den Schlägen und Unpäßlichkeiten des täglichen Lebens genauso ausgesetzt wie der Unwissende, aber er bestimmt über

Gesundheit oder Krankheit und ist Herr seines Schicksals; weiß er doch, was das ist: „Schicksal“.

Je mehr man das menschliche Leiden studiert, desto mehr erlangt man die Gewißheit, daß Unwissenheit die Ursache allen Leidens ist und daß das Wissen darum, was das Rechte sei, alles Leiden beendet. Jedoch selbst der Weiseste leidet noch immer viel, so sehr ist der Logos der Unwissenheit untrennbar mit dem Leben als Mensch verbunden.

Ich weiß manchmal wirklich nicht zu sagen, ob wir Wissenden tatsächlich ein besseres und glücklicheres Leben haben als die Unwissenden. Aber wir Wissenden kommen in den Genuß des Hochgefühls, das man empfindet, wenn man sich sagen kann, daß man zumindest im großen Ganzen weiß, wie die Welt funktioniert. Die Unwissenden hingegen fragen nicht danach, wie die Welt funktioniert, und kommen somit niemals auch nur in die Nähe eines solchen Gefühls.

Der Unwissende kann im günstigsten Fall lernen, mit seinem jeweiligen Schicksal am besten umzugehen. Der Wissende hingegen kann Schicksal überwinden.

Selbst der Unwissendste hat noch Vernunft. Nur weiß er nicht, daß er sie hat.

Der Verständige verliert beim Lachen über die Unverständigen leicht das rechte Maß und wird ihnen dadurch gleich. Man sollte daher mit Würde einherschreiten, den Blick nach oben und nicht nach unten gerichtet, und sich einen Schatz aus Unvergänglichem erwerben.

Gäbe es die Unverständigen nicht, wüßte der Verständige nichts von seinen Privilegien.

Gott hat die Unverständigen nicht erschaffen, damit sie dem Verständigen eine Last seien (wie dies leider zumeist der Fall ist), sondern damit sie ihm im Bereich des Vergänglichen Arbeit abnehmen, damit ihm mehr Zeit bleibt, Unvergängliches anzusammeln.

Halbverstand ist schwerer zu heilen als Unverstand.

Menschen, die die Wunden des Gefühls mit einem Übermaß an Denken ausgleichen wollen, sind schwerer zu heilen als Dumme.

Der Dumme hält sich selbst für allwissend, ist sein Geist doch zu klein, um von den Grenzen des Geistes zu wissen. Der Kluge aber erforscht die Gesetze, denen Dumme und Kluge gleichermaßen unterworfen sind.

Der Gute geht am besten aufrecht, denn Unterordnung zerstört ihn. Der Schlechte hingegen geht am besten gebückt, denn Unterordnung allein macht ihn erträglich.

Der Verständige umgibt sich am besten mit anderen Verständigen; wo aber nicht, so mit völlig Unverständigen.

Der Halbverständige ist für den Verständigen wie ein Quälgeist, der ihm beständig einen Leckerbissen hinhält, um diesen, sobald der Verständige danach greift, plötzlich wegzunehmen.

Wer die Wahrheit nicht kennt, fühlt sich schon zu Lebzeiten nicht wohl und erdenkt sich Lügenmärchen über die Zeit nach dem Tode, wie dies ein Kind über einen mächtigen Unbekannten tut, demgegenüber es die eigene Angst zu überwinden trachtet.

„Gut“ ist nicht immer das, was wohltut oder gut erscheint, sondern nur, was gut ist.

Die Wahrheit ist das einzige Gut, das durch Alltäglichkeit keine Wertminderung erfährt.

Die Wahrheit ist das einzige Getränk, das stets aufs neue den Durst stillt und immer gleich erfrischend bleibt.

Gut zu sein, ist die leichteste und zugleich die schwierigste Sache auf der Welt: die leichteste, da uns doch das ganze Universum in seiner steten Bewegung das Gute ständig vor Augen hält, und die schwierigste, weil wir nie damit aufhören, uns selbst und unsere kleine Welt für ein eigenes, von allem losgelöstes Universum zu halten.

Noch niemals fand ein Geschlechtsverkehr ohne Erektion statt, und noch niemals entstand Glück ohne Kenntnis.

Impotenz und Unkenntnis laufen beide Gefahr, etwas zu wollen, das sie nie bekommen werden.

Wer die Wahrheit spricht, wird Fremdsprachen leichter und schneller erlernen als ein Lügner; weiß er doch um die Grundidee der Sprache.

Ob ein Mensch gut oder schlecht ist, erkennt man nicht so sehr daran, wie er mit anderen Menschen oder Lebewesen umgeht, sondern in erster Linie daran, wie er mit sich selbst umgeht.

Der Gute ist nicht im eigentlichen Sinne gut, und der Schlechte ist nicht im eigentlichen Sinne schlecht, zumal ja beide notwendig sind, damit gut und schlecht sei. Der Gute jedoch kennt den Unterschied zwischen gut und schlecht, der Schlechte hingegen nicht.

Unwissend handelt man letztlich immer falsch, doch auch das Wissen um das Richtige bringt deswegen so selten das richtige Handeln hervor, weil im alltäglichen Tun Einsamkeit und Eigenverstand, nicht aber Einsicht herrschen.

Schlechtigkeit und Lüge sind so untrennbar, daß sie fast dasselbe sind.

Es gibt Kinder, die weinen, weil man ihnen verbietet, in die Schule zu gehen, und es gibt Kinder, die weinen, weil man sie zwingt, in die Schule zu gehen. Gut ist eben nur immer das, was uns als gut erscheint. Und das ist einmal dieses und einmal jenes, unterworfen dem Logos und der Zeit.

In einem Entwicklungsland sind Freiheit und Selbstverwirklichung überhaupt keine Themen, und wären sie es, so würden sie mit Recht als schlecht und gefährlich gelten. In einem bereits entwickelten Land jedoch sind Freiheit und Selbstverwirklichung Hauptthemen, die naturgemäß als gut gelten, da in einem solchen Land jeder einzelne danach strebt, ein Leben im Rahmen seiner ganz persönlichen Bedürfnisse zu führen. Und wandelt sich ein Entwicklungsland in ein entwickeltes Land, wird so manches Schlechte gut und so manches Gute schlecht, da Logos und Zeit dies so bestimmen.

Arm sein ist schlecht, reich sein gut und tüchtig sein am besten.

Aufeinander-Zugehen ist für uns Menschen das Beste und das Schrecklichste: das Beste, wenn wir uns lieben, das Schrecklichste, wenn wir uns hassen.

Der Unwissende hat selbst im Wachen an der Welt weniger Anteil als der Wissende im Schlaf.

Selbst der Wissendste ist die meiste Zeit seines praktischen Lebens lang unwissend. Mit der Wahrheit nämlich muß man sich stets aufs neue anfüllen.

Wie sehr wir uns nicht immer mit der Wahrheit anzufüllen trachten, im praktischen Leben regiert doch nur immer die Lüge, da wir uns im praktischen Leben als eine von allem losgelöste Einheit betrachten und nur immer alles kurzfristig in bezug auf uns selbst sehen. Daher kann schon als weise gelten, wer auch nur ein bißchen Wahrheit ab und an mit ins praktische Leben hinüberrettet.

Ist man eins mit der Wahrheit, fühlt man sich nicht nur deswegen sogleich glücklich und frei, weil die Wahrheit dies ihrem Wesen nach so mit sich bringt, sondern auch deswegen, weil man so selten eins mit der Wahrheit ist und diese wenigen Momente des Einsseins gleich allen raren Dingen kostbar sind.

Der Unwissende folgt dem Logos zuweilen besser als der Wissende nach derselben Art, nach der das unvernünftige Tier mehr eins mit der Natur ist als der vernunftbegabte Mensch.

„Gut“ und „Schlecht“ kann ich erst dann unterscheiden, wenn ich gewahr geworden bin, welche Idee ich in der Natur repräsentiere. Verkörpere ich beispielsweise die Idee der Selbstherrschaft, wird Unterordnung schlecht für mich sein, genauso wie Unterordnung gut für mich sein wird, wenn ich die Idee der Fremdherrschaft verkörpere.

Das Wissen über das Richtige erwächst aus der Kenntnis von „Gut" und „Schlecht" und nicht aus dem, was diese oder jene für richtig halten.

Alles Schlechte läßt sich in dem Wort „Lüge" und alles Gute in dem Wort „Wahrheit" zusammenfassen.

Daß das eine Kind durch die Schule zerstört und das andere durch sie aufgebaut wird, zeigt, wie völlig „gut" und „schlecht" in jedem Fall von der Idee abhängt, die dieses oder jenes Kind in der Natur verkörpert.

Unfehlbar ist „gut" oder „schlecht", was uns jeweils als solches erscheint, denn die Idee, die wir in der Natur verkörpern, führt uns immer auf dem direkten Weg zur Wahrheit.

Daß die meisten Menschen schlecht sind und nur eine verschwindend kleine Minderheit gut ist und daß selbst diese kleine Minderheit die meiste Zeit über eher schlecht als gut ist, kommt daher, daß die Wahrheit eine ewig-bewegliche Dynamik besitzt, die für uns Sterbliche niemals völlig einzufangen und der selbst nach langer Übung nur schwer zu folgen ist.

Das Schlimmste an der Schlechtigkeit ist, daß sie süchtig macht und sich in ihren Suchtkranken beständig neu gebiert.

Es gibt unter den Menschen viel mehr Schlechtigkeit als Güte, weswegen ständig Reinigung und Entsühnung notwendig sind, die man am einfachsten dadurch vollführt, daß man wahr und gut wird.

Wissen ist ein Schatz, der nie wirklich gefunden wird, aber nach dem man beständig graben sollte.

Besser sprich zu einem Tauben als zu einem Unverständigen, denn der Taube, wenn er verständig ist, versteht, ohne den Klang der Worte zu vernehmen; das Leben der Unverständigen hingegen ist der immerwährende Gang des Ochsen zur Schlachtbank.

Die Menschenwelt ist so eingerichtet, daß sie uns beständig vom Wissen wegzieht, und wer sich dem Sog widersetzt, wird bestraft.

Dem Wissenden werden einst seine Fehler verziehen, während dem Unwissenden sogar das wenige Gute, das er hier und dort unbewußt tat, nicht angerechnet wird.

Die Seele des Wissenden schreitet voran, die des Unwissenden im Kreis wie das am Drehpfosten angebundene Vieh, das die Spreu zertritt.

Mit der Wahrheit verhält es sich wie mit meinem Kind: Wie sehr ich es auch liebe, es wird nie mein.

Wenn der Wind bläst, sausen die Wolken, rauschen die Wälder und bewegt sich das Meer, und der Wissende hört und sieht dies alles. Der Unwissende jedoch ist wie jemand, dem der Wind den Hut vom Kopf blies und der nun dumm rumsitzt und rätselt, was ihm eigentlich zugestoßen sei.

Wahrheit ist bei Krankheit die beste Medizin und bei Gesundheit die beste Vorsorge.

Der Unwissende fühlt sich immer wissend und zu Hause, der Wissende jedoch fühlt sich fremd in der Welt der Sterblichen, da diese in erster Linie eine Welt der Unwissenden ist.

Der Wissende bekämpft die Unwissenheit wie ein Nachtwächter den Schlaf.

Wissen kommt aus der Unsterblichkeit, Nicht-Wissen aus der Sterblichkeit. Daher bringt uns unser Wissen der Unsterblichkeit und unser Nicht-Wissen der Sterblichkeit näher.

Die Wahrheit nicht zu kennen, ist deswegen so unentschuldbar und frevelhaft, weil wir doch beständig auf sie stoßen.

Die Unwahrheit ist deswegen so mächtig, weil alles, was sie sagt, oberflächlich betrachtet auch so zu sein scheint, wie sie es vorgibt. Erst der Blick auf das, aus dem das Oberflächliche hervorgeht, entlarvt die Illusion und zerstört alle Unwahrheit durch Wahrheit und Gewißheit.

Unvergänglichkeit und Allgemeingültigkeit sind die Merkmale der Wahrheit.

Wenn es den Schmerz nicht gäbe, äße der Unwissende sein eigenes Fleisch.

Dem schlechten Menschen erscheint das Gute als ein Übel, das er bekämpfen muß, denn tatsächlich hemmt es ihn überall und steht ihm im Weg.

Bist du unter Schlechten, tue Gutes heimlich.

Ein alter Mensch muß gleich weit zur Wahrheit gehen wie ein junger.

Das Schlechte ist nichts an sich selbst, sondern nur Verneinung des Guten.

Der Gute ist weder Herr noch Diener des Guten, sondern er ist Teil des Guten. Er begreift und hilft dem Guten, und das Gute hilft daher ihm. Der Schlechte jedoch ist nur ein erkenntnisloser Teil des Schlechten.

Die Unwissenden werfen Heraklit vor, daß seine Schriften „dunkel" seien, weil ihnen Wissen zumeist dunkel, ungreifbar und furchterregend erscheint.

Gut und Schlecht wandelt sich in das jeweils andere nach Maß. In kleinen Dosen ist Arsen heilbringend und gut, in großen giftig und schlecht. Gut und Schlecht wandelt sich in das jeweils andere aber auch nach den Umständen: Ein Schnitt in mein Fleisch ist heilbringend und gut, ausgeführt vom Chirurgen, der meine Krankheit behandelt. Ein Schnitt in mein Fleisch ist unheilbringend und schlecht, ausgeführt vom Räuber, der mit dem Messer in der Hand mein Geld stiehlt.

An sich selbst sind alle Dinge gut. Jedoch, wie wir über sie verfügen, macht jedes Ding für uns entweder zu einem schlechten oder guten Ding. Und das Gute in uns ist es, was die Dinge gut, und das Schlechte in uns, was sie schlecht macht.

Zeitlich und örtlich begrenzte Gültigkeit = Lüge, Illusion, falscher Schein, Irrweg.

Zeitlich und örtlich unbegrenzte (ewige) Gültigkeit = Wahrheit.

Wissen ist Wiedererinnerung, denn nichts könnten wir aufnehmen, das nicht schon in uns ist.

Unser Körper ist nur so lange etwas wert, als er lebt, denn ein toter Menschenkörper ist nicht mehr wert als Kot. Die Wahrheit jedoch, die wir in der Zeit unseres Lebens anzusammeln wußten, besitzt ewigen Wert. Und überhaupt ist die einzige Daseinsform des Menschen, die wert ist, gelebt zu werden, die des Wahrhaftigen.

Gäbe es das Unwissen nicht, würde kein Mensch Philosophie betreiben.

Der Wissende ist in der Welt niemals einsam, unter Unwissenden jedoch immer.

Der Schlechte hält sich für gut, der Gute jedoch kennt den Unterschied zwischen Gut und Schlecht.

Ist ein Guter einem Schlechten untertan, stärkt dies den Schlechten und zerstört den Guten, und in einem Staat, in dem die Schlechten herrschen, gibt es bald keine Guten mehr.

Wahrheit in sich anzusammeln, ist die höchste Tugend.

Willst du gut sein, werden deine Eltern dich aus dem Haus jagen, und du wirst keine Freunde haben und ein Leben lang ein Außenseiter sein. Der Schlechte hingegen ist überall willkommen, denn er gilt als normal.

Gut ist nicht gut und Schlecht nicht schlecht, sondern nur das ausgewogene Gleichgewicht beider ist gut, ihr Ungleichgewicht hingegen schlecht.

Die Wahrheit drängt sich dem Menschen auf, gleichzeitig liebt sie es aber auch, sich ihm zu entziehen.

Hauptmerkmal der Unwissenden ist, daß sie nicht wissen wollen.

Wirkliches Wissen ist Wissen, ohne zu wissen, so wie ja auch das All dadurch beständig gleich bleibt, daß es allwissend unwissend ist.

Nur der nach der Weltordnung dazu Bestimmte weiß von der Wahrheit.

Gute Menschen zähle ich an den Fingern einer Hand, schlechte überrennen mich in solchen Massen, daß mir darüber der Sinn für Zahlen verlorengeht.

Die meisten Menschen halten sich für allwissend und erstreben keine Erkenntnis. Wieder andere streben ein Leben lang nach Wissen und verschlingen sich nur immer mehr im Gewirr der Unwissenheit. Denn freilich gelangt zum Wissen nur, wer dazu veranlagt ist und durch irgendein Erlebnis auf den rechten Weg gebracht wurde. Denn viele mühen sich und erreichen nichts, während anderen ein Blick hinauf zum bestirnten Himmel genügt, und sie wissen alles.

Niemand ist aus freiem Willen schlecht, denn das Gute lebt in der Freiheit und schafft Freiheit.

Was nicht sofort einleuchtet, ist auch nicht wahr. Den Dummen freilich leuchtet immer sofort alles ein.

Jeden Tag ihres Lebens fällen die Menschen Urteile und bezeichnen dieses als gut und jenes als schlecht. Fragt man sie dann aber, was das Gute oder das Schlechte seien, wissen sie nicht zu antworten und blicken einen an mit weiten Augen, als habe man sie beleidigt. Und wer weiß? Vielleicht ist diese Frage auch eine Beleidigung?

Dem Unwissenden erscheint der Wissende lächerlich oder unheimlich, da er sich in der Welt der Unwissenden unbeholfen und befremdend verhält. Dem Wissenden hingegen erscheint der Unwissende unverständlich, da er immerzu Dinge nicht sieht, die doch offen hervortreten und auf die man beständig stößt.

Alles Gute ist Wissen, alles Schlechte Nicht-Wissen.

Niemand ist aus freiem Willen unwissend, und niemand ist aus freiem Willen schlecht, denn Wissen ist unsere Bestimmung, und wer wissend ist, der ist auch gut.

Wahrheitsliebe ist Jagdtrieb.

Die linke Hand sagt: „Der Unwissende ist unentschuldbar, denn der Mensch ist von Natur aus zum Wissen erschaffen", und die rechte Hand sagt: „Wissender zu sein, heißt, auserwählt zu sein, denn nur derjenige weiß, den das All dazu bestimmt hat. Daher ist der Unwissende ohne Schuld und der Wissende ohne Verdienst." Und aus dem Spiel der beiden Hände entsteht einer der Widersprüche, aus denen heraus Denken und Sein nie stillstehen.

Alles Wissen ist Wiedererinnerung an die Zeit, in der wir allwissend waren.

Die Wahrheit ist eine immerwährende Sich-selbst-Schaffende, weswegen, wenn du eins bist mit der Wahrheit, du ein immerwährender Dichselbst-Schaffender bist.

Die gute Tat ist sich selbst ihr Lohn und die schlechte Tat sich selbst ihre Strafe. Doch freilich, wer Gutes nicht aus Einsicht, sondern um des Lohnes willen tut, könnte ebensogut auch gleich Schlechtes tun.

Tod und Leben

Das Leben lebt vom Tod und der Tod wandelt sich in Leben.

Wie jede große Veränderung im Leben ist auch der Tod von Angst und Lust begleitet.

Wenn Tod und Leben sich nicht mehr die Waage halten, nehmen die Erinnyen furchtbare Rache.

Vielen Schicksalsschlägen können wir durch Vorsorge ausweichen. Sterben und Tod aber müssen wir anders als durch Vorsorge überwinden, da diese beiden – was nicht immer wir gegen sie tun – mit Sicherheit eintreten werden.

Das Heute ist der Tod des Gestern, und das Morgen ist der Tod des Heute.

Tod ist etwas, das wir jeden Tag tun; am Sterbetag jedoch ein wenig konsequenter als an anderen Tagen.

Worauf wir jeden Tag treffen, das beeindruckt uns nicht mehr, worauf hingegen nur einmal im Leben, das beeindruckt uns sehr. Unser Schlaf am Ende eines jeden Tages bedeutet uns nichts, der Tod am Ende des Lebens hingegen viel.

Der Tod am Ende des Lebens wäre nicht halb so beeindruckend, ginge er nicht mit der Auflösung unseres Körpers einher.

Wer mit dem Tod nicht zurechtkommt, kommt auch mit dem Leben nicht zurecht.

Die Menschen versäumen es, einen großen Tod zu sterben, nicht aus Mangel an Gelegenheit, sondern aus Unwissenheit über das Leben.

Je mehr sich die Seele schon zu Lebzeiten eines Menschen ihrer selbst bewußt ist, desto freier und schneller kann sie sich nach seinem Tode im Universum umherbewegen.

Unser Leben und unser Tod sterben und leben zur Hälfte von dem beständig neuen Leben in uns und zur Hälfte von dem beständig neuen Tod in uns.

Den Tod zu spüren, durchdringt uns mit Leben.

Während unseres Lebens halten sich Tod und Leben in uns die Waage, und versucht einer der beiden, zu stark zu werden, kommen die strafenden Erinnyen. Jedoch am Ende unseres Lebens bestrafen uns die Erinnyen für die Ungerechtigkeit, das jetzige Leben gelebt zu haben, mit dem Tode, der uns in ein anderes Leben führt.

Dem Tod mit derselben Freude entgegengehen wie der Geburt.

Ich bin nur so lange sterblich, als ich von Leben und Tod und der Einheit von beiden nichts weiß.

Die größte Kunst von allen ist die, einen großen Tod zu sterben.

Das Aufstreben der Welle ist ihr Leben, das Umschlagen ihr Tod.

Wachen, Schlaf und Tod: Übergänge nach unten. Geburt, Schlaf und Leben: Übergänge nach oben.

Zeugung ist der Tod des Unbelebtseins und Geburt der Tod des Im-Mutterleib-Seins und Kindsein der Tod des Neugeborenenseins und Jugendlichersein der Tod des Kindseins und Erwachsenensein der Tod des Jugendlicherseins und Alter der Tod des Erwachsenenseins und Sterben der Tod des Alters und Gestorbensein der Tod des Belebtseins, und der Tod des Belebtseins ist der Anfang der langen Reise der Wandlungen bis zur abermaligen Zeugung.

Unser Blut ist in erster Linie Wasser und unser Fleisch in erster Linie Eiweiß. Doch beide Stoffe werden nie rein angetroffen und sind mit anderen solcherart vermischt, daß wir annehmen müssen, daß dieser Mischung ein höheres Prinzip zugrunde liegt. Aber freilich, nach unserem Tode wird unser Körper nichtsdestoweniger faulen und stinken.

Wer seine Zeit damit zubringt, sich mit Lügenmärchen über die Zeit nach dem Tode anzufüllen, hat sein Leben völlig verfehlt.

Solange wir denkerisch Anfang und Ende und Ende und Anfang nicht verknüpft haben, wird uns der Tod unheimlich erscheinen.

Der Tod ist nicht, wie die Christen meinen, ein Schlaf vor dem Wiederauferstehen, sondern nur eine Wandlung vor der nächsten Wandlung.

Wenn wir Wasser trinken, trinken wir zugleich auch Leben und Tod.

Die Angst vor dem Tod beruht im Grunde auf der Illusion ewigen Stillstands und ist Vermeiden-Wollen von Bewegung und Wandlung.

Der Tod würde uns kaum mehr Furcht einflößen als der Schlaf, ginge er nicht mit der Auflösung des Körpers einher.

Das Ziel des Lebens ist der Tod und umgekehrt.

Unser Sterben beginnt bei unserer Zeugung.

Bewegtes Blut schafft Leben, unbewegtes Tod.

Geronnenes Blut: auf der Wunde heilsam, in den Adern todbringend. Denn auf der Wunde bringt es nur der Wunde Tod, in uns selbst aber uns selbst.

Unter den vielen Wandlungen des Lebens ist der Tod eine, vor der viele Angst haben, von der aber nur wenige etwas verstehen.

Das Schlafen löst das Wachen auf und das Wachen das Schlafen ebenso wie der Tod das Leben und das Leben den Tod.

Der Tag mordet die Nacht und die Nacht den Tag. Tagsüber sehen wir den Tod des Tages herankommen und nachtsüber den der Nacht. Und wäre nicht der eine der Tod das anderen und umgekehrt, so könnten beide nicht leben.

Töten wir ein Tier, geht sein Fleisch ein in das Reich des Todes. Und essen wir dann sein Fleisch, wird es in uns wieder lebendig.

Nach dem Tod gehen wir aus dem Sein ebensowenig heraus, wie wir bei der Geburt in es hineinkamen.

Solange unser Körper noch lebt, interessieren die Insekten sich nur in Maßen für ihn. Wenn er jedoch tot ist, beginnen sie in Scharen gierig an ihm zu nagen, als sei die Natur darüber erbost, daß es ihn immer noch gibt.

Der Gedanke an die nach dem Tode einsetzende Auflösung des Körpers erscheint halb so schlimm, wenn man in Rechnung stellt, daß sich nach dem Tode alle Angst vor der Schädigung oder Zerstörung des Körpers, die uns ein Leben lang verfolgt, gleichfalls auflöst.

Wenn die Toten wirklich tot sind, weshalb trauert man um sie?

Einen Menschen, der sein Leben richtig gelebt hat, seligzupreisen, zeigt, daß man selbst sein Leben richtig lebt.

Wer den Gestorbenen beweint, beweint sich selbst, wer ihn hingegen seligpreist, preist sich selbst selig.

Über mich selbst

Ich bin eine kleine Ewigkeit, eingebunden in die große Ewigkeit. Und da ich nicht geboren wurde, kann ich auch nicht sterben.

Mich wandelnd ruhe ich.

Viel zu lange schon war ich in seligem, scheinbar immerwährendem Rauschzustand. Ich hatte den Bereich des rechten Maßes verlassen, und die Erinnyen, die Vollsteckerinnen des Rechten, überwältigten mich und machten mich zum Sterblichen. Jetzt will ich das Sterblichsein in vollen Zügen durchleben, damit ich nachher, wenn ich erst wieder ein Unsterblicher geworden bin, abermals in seligem, immerwährendem Rauschzustand sein kann. Doch auch schon jetzt als Sterblicher darf und will ich die Süßigkeit genießen, die mit der Erinnerung an meine Unsterblichkeit verbunden ist.

Ich bin ein Sohn des bestirnten Himmels, von ihm herkommend und nach ihm zurückkehrend.

Der Sternenhimmel erscheint mir so schön, und der silberne Glanz des Mondlichts auf den Zweigen und Blättern der Bäume macht mich so selig, weil ich Sohn des Himmels bin.

Vor meiner Zeugung hielt mir die Schicksalsgöttin eine Urne hin, aus der ich mein Lebens- und Todeslos ziehen sollte. Und ich griff hinein, ohne wählerisch oder zögernd zu sein, wußte ich doch, daß jetzt so oder so meine vergangene und zukünftige glückliche Zeit durch eine gegenwärtige unglückliche Zeit gerächt werden mußte und mir daher, wie mein Los nicht immer im einzelnen ausfiel, in jedem Fall großes Leiden bevorstand. Allerdings kannte die Schicksalsgöttin meinen Wert und hatte die Urne daher nur mit Losen gefüllt, die meiner würdig waren.

Und mir ist Macht gegeben, nach allzu langem Krieg Frieden und nach allzu langer Dürre Feuchtigkeit zu schaffen. Und überhaupt alles völlig aus dem rechten Maß Geratene kann ich ins rechte Maß zurückbesprechen. Und auch ob ich krank oder gesund bin, ist mir selbst überlassen.

Aus allem kann ich sein Gegenteil hervorzaubern, und meine Angst sagt mir, wann immer ich von dieser Kunst Gebrauch machen soll.

Ich bin dem Gesetz des Alls nicht nur unterworfen, sondern ich kenne es auch und kann es daher mitgestalten.

Ich bin ein Teil der Natur und als solcher ihren Gesetzen unterworfen, gleichzeitig aber stehe ich auch über- und außerhalb der Natur, indem ich sie und ihre Gesetze vernünftig begreife. Und als unterworfener Teil der Natur bin ich Tier, als über der Natur Stehender Gott und als Beides-zugleich-Seiender Mensch. Und ich wandle mich bald in das eine, bald in das andere, und bald bin ich auch alles zugleich, gemäß dem angemessenen Gang und der natürlichen Ordnung der Dinge in der Zeit.

Ich ziehe das Leben dem Nicht-geboren-worden-Sein und dem Selbstmord vor, nicht weil das Leben angenehm ist, sondern weil Sich-Fügen in die Notwendigkeit weise ist und Weisheit letztlich zur Glückseligkeit führt.

Ich kenne den Grund, dessentwegen ich Mensch wurde.

Ich lebe aus dem Toten heraus und sterbe in das Lebende hinein.

Ich lebe meinen Tod in das Leben hinein.

In der hohen Kunst, ich selbst zu sein, ist niemand so perfekt wie ich selbst.

Niemandem gelingt es besser als mir, ich zu sein.

Mein Fleisch ist Eiweiß und Wasser, aber eben doch Fleisch, solange es an mir lebt, und sogar noch ein wenig darüber hinaus.

Ich kann nicht nach Hause gehen, denn ich bin zu Hause, und ich kann nicht tot sein, denn ich bin zur Hälfte Leben, und ich kann nicht lebend sein, denn ich bin zur Hälfte Tod.

Ständig muß ich neue Kraft schaffen, da ständig Kraft von mir ausgeht.

Die Zeit bestimmt den Rhythmus meines Schicksals, jedoch sie lehrt mich nichts.

Im Wachen weiß ich häufig sowenig, was ich tue, wie im Schlaf, da ich mich meiner Abstammung die meiste Zeit über nur unzureichend erinnere.

Für mich ist Menschsein Untensein, weshalb ich es als meine Schuldigkeit und Verantwortung betrachte, nach oben zu streben. Deswegen mag ich auch die meisten Menschen nicht, die, da sie sich nicht für das Obensein interessieren, letztlich immer nur weiter nach unten gehen.

Ruhm und Ehre vor den Menschen ist ein unsicheres Gut. Der Ruhm jedoch, den ich in mir selbst schuf, ist unsterblich.

Solange mir das Kreatursein anhaftet wie den auf Leimruten gefangenen Vögeln der Leim, kann ich nicht zum Gott werden.

Der Gedanke ist das Fahrzeug, in dem ich den ganzen Weltenbau durchdringe.

So wie ich einen Menschen nur dann erkenne, wenn ich mich in seine Lage versetzen und mich in ihn einfühlen kann, erkenne ich auch den ganzen Kosmos nur, wenn ich mich in seine Lage versetzen und in ihn einfühlen kann.

Meine Unterschrift ist mein Zeichen auf dem Papier und mein Körper mein Zeichen in der sichtbaren Welt, mit dem ich all meine sichtbaren Taten unterschreibe.

Ich lebe in Reinheit und halte mich vorsichtig von den meisten Menschen fern, denn sie sind Gefangene und Sklaven der Schlechtigkeit, ohne es zu wissen. Lebte ich in ihrer Nähe, würden eher sie mich zu sich hinab in die Schlechtigkeit als ich sie zu mir hinauf in die Güte ziehen. Und mein ständiges Alleinsein schmerzt mich natürlich sehr (denn in Gemeinschaft zu leben, ist die natürliche Bestimmung des Menschen), aber es tut mir andererseits auch wohl, mich immerzu mit unsterblichen Wahrheiten anzufüllen, in deren Nähe ich nicht einmal auch nur käme, lebte ich nicht ohne, sondern mit den Menschen.

Ich lasse mich nicht irremachen durch das, was die meisten Menschen bewundern und für groß halten, denn die meisten Menschen wissen nichts von Gut und Schlecht und dem Unterschied zwischen beiden.

Die meisten Menschen sind nicht, wer sie sind, und sie tun nicht, was sie wollen, sondern das, was sie müssen. In meinem Fall freilich fallen Müssen, Wollen und Sein zusammen.

Der Weg der meisten Menschen führt in Unglück und Krankheit, erträglich gemacht nur durch kindische Kompensationen und verlogene Idealisierungen. Daher wäre ich ein Narr, ihnen zu folgen. Mein Weg freilich führt oft zwar auch in Unglück, aber nur in dasjenige, welches jeder unvermeidlich empfindet, der ganz allein und von allen unverstanden ist.

Die meisten Menschen

Die meisten Menschen gleichen dem Vieh auf der Weide: nach der Natur lebend, aber sie nicht erkennend.

Für die meisten Menschen ist das Leben ein Casino, in dem sie ihre Chips wahllos auf den Spieltisch werfen und dann je nach Laune der rollenden Kugel Gewinn oder Verlust haben, wobei sie das eine vom anderen nicht einmal zu unterscheiden wissen. Der Wissende jedoch legt seine Chips mit Verstand, und er hält seinen Gewinn in wohlbemessenen Grenzen, damit ihn die Erinnyen nicht ausfindig machen.

Die meisten Menschen wissen von der Welt und ihren Gesetzen nicht mehr als der Schlafende von der Welt der Wachen, weshalb ihr ganzes Leben auch nur ein Alpdruck ist.

Neben der Dummheit der meisten Menschen erscheint der Neugeborcnc, der gleich an den Brüsten seiner Mutter saugt, als Heiliger und Weiser.

Würde die Natur den meisten Menschen einen Vorwurf machen, so wäre dieser der, daß sie taub seien. Denn ständig spricht sie zu ihnen (sogar durch ihre eigenen Körper) und sagt ihnen, was gut ist, und sie hören nie etwas davon.

Bewundere das, was die meisten Menschen bewundern, und schon ist es um dich geschehen.

Suche das Glück dort, wo es zu finden ist, und nicht dort, wo die meisten Menschen es suchen.

Die meisten Menschen verstehen unter Liebe genau die Behandlung, die ihnen als Kind von ihren Eltern zuteil wurde.

Die meisten Menschen sind Sklaven, weil sie sich und die Welt nur durch das Sklavischsein in ihnen selbst sehen.

Die Schlechtigkeit läßt sie in vielfacher Weise leiden und umfängt sie mit allerlei Übeln, wobei sie sich lügenhaft selbst konserviert, indem sie ihren Opfern alles Ungemach als üble Laune eines bösen Schicksals darstellt, das niemand hervorgerufen hat und für das niemand verantwortlich ist. In diesem Zustand füllen sie dann die Stockwerke der Krankenhäuser, wo es als gute Sitte gilt, Krankheit als bösen Feind darzustellen, der aus grundloser Grausamkeit dem Menschen auflauert und der ausgemerzt werden muß. Und all das viele Leiden, das aus dieser sich selbst reproduzierenden Schlechtigkeit erwächst, macht sie um nichts klüger (eher sogar noch dümmer), und sie nehmen ihre Schlechtigkeit mit ins Grab, nach wohin der Tod, von dem sie nichts wissen und den sie fürchten, sie erlöst.

Die meisten Menschen stehen erschrocken da, wenn sie vom Tod hören, weil sie nichts vom Leben wissen, und sie leben ihr Leben schlecht, weil sie nichts vom Tod wissen.

Den meisten Menschen fällt es schwer, den Tod hinzunehmen, da sie vom Leben nichts wissen.

Die meisten Menschen reden von der Zeit nach dem Tode mit einer Selbstsicherheit, als seien sie schon einmal tot gewesen und sprächen daher aus Erfahrung. Ihre diesbezügliche Erfahrung bräuchte man auch gar nicht in Frage zu stellen, wenn nur ihre Visionen nicht so gänzlich undenkbar wären.

Die meisten Menschen stellen sich, obgleich sie Angst vor dem Tod haben, viel zuwenig die Frage, was denn sei, nachdem ihr Körper sich aufgelöst hat.

Die meisten Menschen haben Angst vor dem Tod und betrachten daher auch die Geburt argwöhnisch. Und sie würden sogar die tägliche Speise mit Mißtrauen betrachten, da diese ja auch nur aus Totem und Getötetem besteht, wenn sie dafür nicht zu kurzsichtig wären.

Die meisten Menschen haben Angst vor dem Tod, weil sie es nicht besser verdienen.

Sie haben keine Freude am Leben, denn wie könnte jemand Freude an etwas haben, von dem er nichts weiß, und sie wissen nicht einmal, daß sie keine Freude am Leben haben, weswegen ihnen auch der Tod große Angst bereitet. Und so vegetieren sie ihr ganzes Leben lang dahin, und es wäre für sie, für andere und für das ganze Universum besser, es gäbe sie überhaupt nicht, denn der Mensch, dessen Bestimmung es ist, Krönung der Schöpfung zu sein, ist schlimmer als die schlimmste Pest, wenn er seine Bestimmung verfehlt. Lieber ein Maulwurf sein, der ganz Maulwurf ist, als ein Mensch sein, der nicht Krönung der Schöpfung ist.

Die meisten Menschen haben den Logos in der Seele, der ihnen Wahres als unwahr und Unwahres als wahr erscheinen läßt und der sie beherrscht, solange ihr Körper lebt; hätten sie ihn ohne den Körper doch nicht erhalten.

Die Seelenwunde, die Wahres unwahr und Unwahres wahr erscheinen läßt, wird durch den Engpaß der Kindheit von einer Generation zur anderen weitergereicht, und nur selten gelingt es einmal einer einzelnen Seele, schon vor dem Tode des Körpers diese Wunde zu schließen.

Lieber einen einzigen Gedankengang gefunden haben, der vor der Ewigkeit Bestand hat, als alle Schätze zu besitzen, nach denen die meisten Menschen sich sehnen.

Die meisten Menschen haben Gräben und Wälle aus Lüge und Täuschung um ihre Schlechtigkeit errichtet. Die Wahrheit jedoch schwebt schwerelos über alle Gräben hinweg und durchdringt jeden Wall mühelos wie ein geistiger Hauch. Sie offenbart sich jedoch nur einer kleinen Handvoll von Auserwählten, die einsame und unerwünschte Fremdlinge in dieser Welt der meisten Menschen sind.

Die meisten Menschen begegnen der Wahrheit wie eine eifersüchtige Ehefrau, die über Nacht von ihrem Mann zu Hause allein gelassen wurde. Kommt dann am Morgen der Mann endlich nach Hause, wird er nicht wohl empfangen, und was er zu sagen hat, wird nicht angehört.

Einer Katze hatte man nach einer Operation einen Wundverband angelegt. Bei der täglichen Reinheitspflege beleckte sie diesen genauso wie ihre übrigen Körperteile, da sie den Unterschied überhaupt nicht wahrnahm und den Verband für einen Teil ihres Fells hielt. Und ebenso geht's den meisten Menschen mit der Wahrheit: Lecken sie schon mit der Zunge über sie, erkennen sie sie immer noch nicht als das, was sie ist.

Die meisten Menschen hassen die Wahrheit deswegen so sehr, weil es sie viel Mühe gekostet hat, das Lügengebäude, in dem sie leben, aufzubauen. Und jetzt wollen sie sich natürlich nicht um die Früchte dieses lebenslangen Mühens bringen lassen, zumal ihnen die Lüge ja auch eine falsche Sicherheit und Ruhe vorgaukelt, die ihnen kostbar sind.

Den meisten Menschen erscheint der Wahrheitsprechende als Lügner, da sie selbst Lügner sind.

Die meisten Menschen sind viel zu sehr auf die Menschen fixiert und vergessen darüber, daß auch der Mensch und die Menschheit nur ein Teil der Natur sind.

Auffallend kleine Menschen haben zumeist eine besonders aufrechte, während auffallend große Menschen in aller Regel eine gebeugte Körperhaltung aufweisen. Und wären die einen wie die anderen schon als Kinder auf einer einsamen Insel ausgesetzt worden und dort ohne Kontakt zu anderen Menschen aufgewachsen, hätten beide mit Sicherheit eine völlig normale Körperhaltung. Dies offenbart die fatale Neigung der meisten Menschen, bei der Suche nach dem rechten Maß nicht die Natur, sondern andere Menschen zu befragen.

Von der Natur wollen sie nichts lernen, lediglich von Menschen. Und durch das Schlechte in ihnen sehen sie nur Schlechtes und lassen sich nur belehren von schlechten Menschen, zu denen allein sie Nähe suchen, da Gutes und Wahres für sie unsichtbar sind und dort, wo sie dennoch einmal sichtbar werden, ihnen Angst einflößen, weswegen sie als Glied in einer Narrenkette abenden, die unfehlbar in bezug auf ihre Einzelglieder genauso wie in ihrer Gesamtheit nur in Jammer und Sterblichkeit führt.

Die meisten Menschen sind schlecht, und trittst du mit ihnen in Kontakt, sie zum Guten zu bewegen, werden eher sie dich zum Schlechten als du sie zum Guten bewegen. Daher ist, zusammen mit Menschen zu sein, allenfalls zu Schlechten und mäßig Guten passend, der wirklich Beste jedoch ist immer allein mit sich selbst, der Nacht und den Gestirnen.

Das Gute und sein Verkünder finden nur bei wenigen Resonanz, denn die meisten Menschen sitzen da wie die Kühe beim Wiederkäuen.

Der Umgang mit Tieren ist zumeist angenehmer als der mit den meisten Menschen, da das Tier von Natur unwissend ist und seine Unwissenheit daher nichts Abstoßendes an sich hat, während die Menschen von Natur aus zum Wissen bestimmt und veranlagt sind und ihre Unwissenheit daher Betrübnis und Ekel hervorruft.

Von den meisten Menschen soll man sich fernhalten, denn ihnen zu gefallen, schädigt die Seele, und ihnen zu mißfallen, bringt Gefahr.

Die meisten Menschen leben in einem bösen Irrgarten, aus dem sie den Ausweg nicht wissen, und folgst du ihnen, endest auch du unrettbar in diesem Irrgarten ab.

Bist du gut, kannst du mit den meisten Menschen im günstigsten Fall in Frieden, niemals aber in Eintracht leben. Und das Gute, das du tust, tue heimlich, denn ertappen sie dich bei solchem Tun, werden sie dich gewiß töten, wenn nicht körperlich, so doch seelisch.

Sklave und Herr

In grauer Vorzeit waren Sklave und Herr eins. Und dieses Doppelwesen verfügte über ein hohes Selbstwertgefühl, verbunden mit Eigenständigkeit, genauso wie über die Fähigkeit, Demütigungen hinzunehmen und sich unterzuordnen. Daher war dieses Wesen bezugslos und sich selbst genug. Aus diesem Grund war diese Zeit auch grau, denn es fehlten ihr die Verschiedenheit und die Farben.

Gott jedoch, der die Gegensätze und die Bewegung liebt, entschied in seiner Lust und Weisheit, das Doppelwesen in zwei Teile zu trennen. Und bei dieser Trennung behielt die eine Hälfte das Selbstwertgefühl und die Eigenständigkeit, während der anderen Hälfte die Fähigkeit, Demütigungen hinzunehmen und sich unterzuordnen, überlassen blieb.

Das erste Teilwesen nannte Gott dann Herr und das zweite Sklave. Und so entstand die Menschheit, geteilt in zwei aufeinander angewiesene Wesensnaturen. Und den Herrn, der den Schmerz über den Verlust der Sklavenhälfte empfindet, hält auf ewig sein Selbstwertgefühl davon ab, zum Sklaven zu werden. Und genauso hält den Sklaven, der den Schmerz über den Verlust der Herrenhälfte empfindet, der Mangel an Selbstwertgefühl auf ewig davon ab, zum Herrn zu werden. Und der Herr beneidet den Sklaven, der, geborgen in seiner Gemeinschaft, ein sorgloses Leben führt, und der Sklave bewundert den Herrn, dessen Selbstwertgefühl für ihn unerreichbar ist und nach dem er sich beständig hinsehnt.

Der Herr hat einen Logos, der sich aus sich selbst vermehrt, der Sklave einen, den er mit den anderen Sklaven teilt.

Den Herrn macht das Obensein glücklich, den Sklaven das Untensein. Der erstere hat Angst vor diesem und der letztere vor jenem.

Dem Herrn ist Freiheit das höchste Glück, dem Sklaven das größte Unglück.

Der Herr redet, der Sklave redet daher.

Der Herr lebt aus sich selbst, der Sklave entweder aus der Gemeinschaft oder aus seinem Herrn.

Sklaven ohne Herren sind eine Herde ohne Hirten und Herren ohne Sklaven ein loser Haufen ohne Bindeglied.

Ein Sklave ohne Herrn ist ziellos, ein Herr ohne Sklave mittellos.

Der Sklave ist als Herr unfähig und der Herr als Sklave.

Der Herr liebt das Wissen, der Sklave das Nicht-Wissen.

Der Sklave sucht Unterhaltung und Zerstreuung, der Herr Einsicht.

Dem einen ist jenes gut und angenehm, dem anderen dieses: dem Herrn das Fällen von Entscheidungen, dem Sklaven das Ausführen von Entscheidungen.

Der Sklave liebt die Arbeit und das Geldverdienen, der Herr das Wissen und das Geldbewegen.

In der Wirtschaft liebt der Sklave Arbeit und Produktivität, der Herr Handel und Finanzen.

Der Sklave ist glücklicher als der Herr und der Herr besonnener als der Sklave.

Der Sklave weiß nichts von Herren und Sklaven und dem Unterschied zwischen beiden. Der Herr hingegen fragt sich mit jedem Tag von neuem, was das gute Leben sei und wie er es führen solle.

Der Sklave liebt die Illusion, der Herr die Wahrheit.

Der Sklave flieht oder verdrängt den Schmerz, der Herr macht etwas mit oder aus dem Schmerz.

Den Sklaven erkennt man an seinen Antworten, den Herrn an seinen Fragen.

Der Sklave ist zumeist klüger als der Herr, der Herr zumeist reifer als der Sklave.

Der Sklave besitzt Klugheit, der Herr jedoch Verstand.

Der Sklave hat Angst vor dem Alleinsein und dem Schuldgefühl, der Herr vor dem Gedemütigtsein und der Angst selbst.

Der Blick des Sklaven richtet sich nur auf das Nahe, dem Herrn hingegen ist alles gleich nah.

Der Sklave redet nur betrunken Wichtiges; weiß er doch am nächsten Morgen nichts mehr davon. Der Herr jedoch bemüht sich, Wichtiges und Unwichtiges gleichermaßen nüchtern zu sehen.

Der Sklave hat Freude an der Unwissenheit, der Herr hingegen bestimmt sein Leben.

Im Krieg liebt der Sklave den Krieg, im Frieden den Frieden. Der Herr jedoch bemüht sich um die Wahrheit und das rechte Maß in allen Dingen.

Der Herr ist schutzbedürftig, der Sklave sorglos.

Der Sklave erfreut sich an Lügen, da er nichts von der Wahrheit weiß. Das Leben des Herrn jedoch ist ein nie endender Feldzug gegen die Lüge.

Der Herr durchforscht sich selbst, der Sklave lebt mit seinesgleichen.

Das Tier des Sklaven ist der Hund, das des Herrn die Katze.

Der Sklave ist Nachahmer, der Herr Schöpfer.

Der Sklave ist Teil der Selbstverwirklichung des Herrn.

Der Herr liebt sich selbst, der Sklave jeden und niemanden.

Der Sklave ist hilfsbereit und warmherzig, der Herr jedoch bemüht sich um das Rechte.

Der Sklave sagt seine Meinung mit Nachdruck, interessiert er sich doch nicht für die Wahrheit. Hinter der Rede des Herrn jedoch schimmert der Glanz der Wahrheit hervor.

Der Herr liebt die Sexualität, der Sklave die Moral.

Der Herr erlaubt anderen, ihm Gutes zu tun, doch nur der Sklave erlaubt anderen, Macht über ihn zu haben.

Der Herr studiert die Bewegung, und der Sklave liebt den Stillstand.

Der Sklave ehrt Gott, der Herr die Götter. Der Sklave bevorzugt den Hör-, der Herr den Tastsinn; kommt über letzteren die Wahrheit doch viel unmittelbarer.

Der Herr spricht mit seinem Körper, der Sklave benutzt ihn nur.

Der Herr fragt sich im Mutterleib, was das alles zu bedeuten habe und wozu es führen werde. Der Sklave hingegen interessiert sich schon im Mutterleib nur für Antworten und nicht für Fragen.

Der Herr saugt an den Brüsten seiner Mutter, weil es ihm Lust bereitet, der Sklave, weil er sich nichts anderes vorstellen kann.

Der Herr lebt sein Selbstwertgefühl, der Sklave überlebt, indem er sich vom Selbstwertgefühl seines Herrn nährt.

Der Sklave gehört zur Erde, der Herr zum Himmel.

Der Herr ist Herr seiner selbst und der Sklave ist Sklave seiner selbst.

Der Sklave denkt wenig an sich und kümmert sich viel um andere, besonders um Menschen, die viel Selbstwertgefühl haben. Der Herr hingegen denkt viel an sich und will, daß andere sich viel um ihn kümmern, besonders diejenigen, die wenig Selbstwertgefühl haben.

Die größte Angst des Herrn ist es, sich selbst zu verlieren, die größte Angst des Sklaven ist es, seinen Platz in der Gemeinschaft zu verlieren.

Der Sklave flieht das Unbekannte, doch den Herrn reizt die Neugier.

Der Sklave ist ein Wahrheitsfliehender, der Herr ein Wahrheitssuchender.

Der Sklave lebt aus dem Du-Bezug, der Herr aus dem Ich-Bezug.

Der Herr lebt aus sich heraus, der Sklave in die Gemeinschaft hinein.

Der Herr ist ein Kosmos im kleinen, und ordnet er mit Verstand die Gemeinschaft der Sklaven, verdient auch diese, ein Kosmos genannt zu werden.

Die Teilung der Menschheit in Sklaven und Herren ist Grundlage einer kosmischen Ordnung unter den Menschen, die nicht hinterfragt, sondern bewahrt und gelebt werden muß.

Die Natur erschuf jeden Menschen entweder als Sklaven oder als Herrn. Lediglich unser Unverstand macht ersteren zu letzterem und letzteren zu ersterem.

Das Gefühl ist Herr, es entscheidet, was wir tun. Das Denken ist Sklave, es entscheidet, wie wir es tun. Ein Mensch, der dem Denken Vorrang vor dem Gefühl einräumt, ist darum ein Sklavenstaat im kleinen.

Der Sklave ist Materie, der Herr Geist, der Materie beseelt.

Unreife Sklaven und Herrn halten sich voneinander getrennt und bleiben unter ihresgleichen wie Tiere verschiedener Gattungen. Reife Sklaven und Herren jedoch suchen und finden einander und leben glücklich und in Eintracht zusammen.

Der Körper ist Sklave, die Seele Herr.

Sklaven, die Befehle erteilen, und Herren, die gehorchen, sind eine Krankheit, die mehr Schaden stiftet als alle Seuchen der Welt.

Die Sklaven sind der Mauerbogen, der Herr der Eckstein.

Der Sklave nimmt die meisten Menschen leicht für sich ein, die Seele des Herrn hingegen atmet mit allen Sklaven.

Wenn die Sklaven herrenlos sind, küren sie einen Sklaven zum Herrn, und die Erinnyen kommen und töten viele von ihnen. Wenn die Herren ohne Sklaven sind, verfehlen sie das gute Leben, und die Erinnyen kommen und lassen viele von ihnen den Seelentod sterben.

Sklaven, die sich umeinander bemühen, rühren das Herz, Herren, die gegeneinander kämpfen, den Verstand.

Den Herrn macht das Herrentum schön und begehrenswert und den Sklaven das Sklaventum. Ein Herr, der sich sklavisch gibt, oder ein Sklave, der sich herrisch gibt, sind jedoch beide gleichermaßen häßlich und abstoßend.

Je mehr sich weltweit Freiheit und Demokratie durchsetzen, desto mehr kommt es an den Tag, wer Sklave und wer Herr ist.

Weder der Sklave noch der Herr liebt die Demokratie, denn ersterer wird in ihr nie völlig unten und letzterer in ihr nie völlig oben sein. Dennoch können beide nur in ihr hoffen, das gute Leben zu erlangen.

Die Demokratie ist weniger in Gefahr, zum Sklavenstaat zu werden, als die Diktatur. Die der Demokratie anhaftende Stimmung allerdings ist sklavisch, während die Diktatur sich gerne herrisch gibt.

Die Völker der Mitte und des Äußeren sind Herren, die zwischen Mitte und Äußerem Sklaven.

Der Sklave liebt die Gemeinschaft, der Herr die Selbständigkeit, weshalb bei Sklavenvölkern die Gesellschaft und bei Herrenvölkern das Individuum im Vordergrund steht.

Der Herr hat einen klugen Gesichtsausdruck, der Sklave einen dummen.

Indem auf einige Zeit er Sklave seiner Sklaven ist und entsprechend leidet, erschafft von neuem der Herr immer wieder einmal sein Herrentum, und indem auf einige Zeit sie Herren ihres Herrn sind und ihren Herrn entsprechend leiden lassen, erschaffen von neuem immer wieder einmal die Sklaven ihr Sklaventum.

Auf Geheiß ihres Herrn bestätigen von Zeit zu Zeit die Sklaven das Herrentum ihres Herrn und ihr eigenes Sklaventum, indem ihren Herrn sie schänden dadurch, daß ihm gegenüber als Herren sie sich betragen.

Herren teilen oft sich ihre Sklaven, Sklaven dienen jedem Herrn als ihrem Herrn.

Ungeselligkeit allein ist noch kein Herrentum, denn sonst wäre die fauchende Katze, die gerade Junge bekam, Herrin des Hauses. Aber sein eigenes Leben immer wieder aus sich selbst zu schöpfen, das zeichnet den Herrn aus.

Die Sklaven sind Körperteile des Herrn und gefallen sich darin, denn sie schöpfen ihren Wert nicht aus sich selbst.

Die meisten Menschen sind Sklaven, haben sie doch kein Interesse daran, anderes zu sein.

Der Herr ist schmerzempfindlicher und verletzlicher als der Sklave, da er ein eigenes Ganzes und kein Teil von etwas ist. Daher ist er der Schonung und Sicherheit weit bedürftiger als der Sklave.

Der Herr ist Diener des Sklaven, denn er hat die Last zu tragen, die daraus entsteht, daß der Sklave auf sich allein gestellt nicht lebensfähig ist.

Der Sklave ist zumeist klüger als der Herr, bedarf er der Klugheit doch mehr als jener aus Mangel an Verstand.

Der Sklave ist, wenn er so ist, wie er ist, Gott wohlgefällig, da er Teil von ihm ist. Der Herr jedoch ist entweder ein Feind Gottes, wenn er unwissend ist, oder selbst ein Gott, wenn er wissend ist.

Katze <—> Hund

Die Katze ist erheblich tüchtiger als der Mensch und ihm in allen grundsätzlichen Lebensfragen überlegen.

Zunächst einmal ist die Katze „einfach nur da“, wohingegen der Mensch in der Regel eines Platzes in der Gemeinschaft bedarf, um leben zu können. Die Katze ist sich an sich selbst genug, der Mensch jedoch braucht eine Aufgabe.

Die Katze tut niemals etwas zuviel oder etwas zuwenig. Daher reagiert sie auf die gleiche Sache auch immer wieder gleich, denn sie stellt sich nicht in Frage und bedarf daher auch keiner Korrektur. Sie tut nur immer das, was ihr guttut, und begegnet auch ihresgleichen nur insoweit, als ihr das guttut. Daher ist sie die meiste Zeit über allein, und die Erinnyen interessieren sich nicht für sie. Sie lebt lieber mit den Menschen als im Urwald, da ihr das guttut, doch sie bleibt nicht bei schlechten Menschen. Sie läßt sich nicht unterweisen, denn sie ist gut und läßt sich auf nichts Schlechtes ein. Sie ist nachtaktiv, verschmäht aber auch den Tag nicht. Sie nimmt ihren Tod ebenso fraglos hin wie ihre Geburt. Sie tötet aus Lust am Spiel, nicht aus Lust am Töten oder aus Bedürfnis. Sie scheut das Wasser, dennoch ist der Fisch, der doch aus dem Wasser kommt, ihre Lieblingsspeise. Schlägt man sie tot, wehrt sie sich nur anfänglich und fügt sich dann weise in das Unvermeidliche, denn sie urteilt vernünftig.

Umgang mit Katzen ist lehrreich und bereitet viel Freude, hinterläßt aber doch ständig ein Gefühl der Unbefriedigtheit, da die Überlegenheit, die die Katze über uns hat, am Ende immer dazu führt, daß sie uns alleine läßt. Und sie hat keine Sympathie für jemanden, der es mit ihr nicht aufnehmen kann. Geht es um das Begreifen der Welt, sind wir der Katze gleich jeder anderen Kreatur natürlich unendlich überlegen, in der Kunst des rechten Lebens jedoch ist noch der weiseste Mensch, verglichen mit der dümmsten Katze, ein Narr.

Der Hund

Der Hund ist die dümmste Kreatur unter der Sonne. Er weiß nichts von sich oder vom All, denn er interessiert sich lediglich für seinen Herrn. Er besitzt nicht die hohe Kunst, fraglos zu sein, stellt Fragen aber immer nur am falschen Ort, da er sich nicht um das Richtige kümmert. Er hat keinen Sinn für das rechte Maß und wird er nicht unentwegt in Schranken gehalten, übertreibt er bald hier und bald dort. Der Hund liebt nicht nur die Unterweisung, er bedarf ihrer sogar, denn er ist schlecht. Er weiß nicht, was ihm guttut, erscheint ihm doch alles gut, was von seinem Herrn kommt. Er ist ungeschmeidig und in allem plump. Er verkläfft, was er nicht kennt, und streift umher, als würde er jagen, sucht aber doch nur immer Aas. Sein Hauptsinn ist der Geruch, dennoch stört ihn kein Gestank. Das Ungeziefer liebt ihn, da es sich gerne an Maßloses heftet. Allein durch ständige Schmerzzufügung halten die Erinnyen ihn auf der rechten Bahn, und bei jedem abermaligen Schmerz jault er stets aufs neue jämmerlich, denn er weiß weder, woher der Schmerz kommt, noch inwiefern er ihm zu seinem eigenen Besten zugefügt wird. Schlägt man ihn tot, kläfft er dumm, wedelt mit dem Schwanz und dreht sich im Kreise wie ein echter Narr, unfähig jedweden Vernunfturteils.

Der Hund ist schlechten Menschen eine Bereicherung, guten hingegen eine Last. Da der Hund das Paradigma der Dummheit ist, kann die Klugheit einer jeden Kreatur (einschließlich des Menschen) daran gemessen werden, wie weit ihre Natur von der des Hundes entfernt, d. h. in welchem Maße sie un-hündisch ist.

***

In der Natur: Prinzip Hund und Prinzip Katze, Menschen wie Hunde und Menschen wie Katzen: Der Hund jagt bellend der fliehenden, ängstlichen Katze nach, doch die Katze überwindet endlich ihre Angst, wendet sich und versetzt dem Hund einen Tatzenhieb genau auf die Nase, wo der Hund am schmerzempfindlichsten ist, und der Hund jault und läßt von ihr ab.

Der Hund sucht im Kampf die Nähe und beißt (Ringkämpfer), die Katze hält im Kampf Abstand und schlägt (Faustkämpfer).

Die Katze ist frei und allein und daher sehr verletzlich. Der Hund ist unfrei und in die Gemeinschaft eingebunden und deshalb nur wenig verletzlich. Daher, geht es wirklich einmal hart auf hart, siegt immer der Hund, doch die Katze versteht sich darauf, es nicht soweit kommen zu lassen.

Sind Hund und Katze von klein auf zusammen, werden sie gute Freunde, ansonsten sind meist sie sich feindlich gesonnen.

Dem Hund befiehlt man, die Katze muß man überzeugen.

Der Hund liebt seinen Herrn, die Katze die Zärtlichkeit ihres Gönners.

Die Katze gehört ins Haus, der Hund in den Garten.

Der Hund liebt ein Haus, in dem Unterordnung herrscht, die Katze eines, in dem Weisheit herrscht.

Eine Katze, die das Haus verdreckt, verbreitet Freudlosigkeit und Ekel, und ein Hund, der seinem Herrn nicht gehorcht, Ruhelosigkeit und nächtliche Störung.

Die Katze weiß den guten vom schlechten Menschen zu unterscheiden, jedoch der Hund ehrt schlechte Menschen.

Der Hund giert nach dem Essen, das sein Herr ihm reicht, und die Katze nach frischem Fisch. Der erstere ruht nach dem Essen an einem Ort, den sein Herr ihm anweist, und die letztere reinigt sich nach dem Essen und schläft danach an einem behaglichen Ort ihrer Wahl.

Die Katze kann den Hund nicht töten, manch starker Hund aber die Katze. Und trotzdem leben seit jeher beide Tiere eng zusammen in der Nähe des Menschen.

Geld, Wirtschaft

Die Weltwirtschaft: ein Spiegel des Logos. Immerwährendes Hin und Her und Auf und Ab, bei dem Geld gegen Geld, Ware gegen Ware, Geld gegen Ware und Ware gegen Geld getauscht wird.

Arbeit wird Ware, Ware Geld und Geld wieder Arbeit und Arbeit wieder Geld. Und Edelmetalle, Aktien, Zinspapiere, Schecks, Kommoditäten etc. kommen hinzu, um die Dinge noch spannender zu machen.

Die Weltwirtschaft besteht aus zwei Ebenen: Der unteren, auf der beständig Arbeit in Ware, Ware in Geld und Geld in Arbeit oder Ware verwandelt werden, und der oberen, auf der beständig Firmenanteile in Aktien, Aktien in Geld und Geld in Firmenanteile oder Aktien verwandelt werden. Die obere Ebene aber gibt es nur dank der unteren, und die untere gibt es nur dank der Arbeit. Die Arbeit ist die Grundlage des Ganzen. Von ihr geht alles aus, und zu ihr kehrt alles zurück.

Auf der oberen Ebene der Weltwirtschaft lauern mehr Erinnyen als auf der unteren, und wer hoch steigt, fällt tief. Auch der Boden ist oben schwächer, fehlt ihm doch das sichere Fundament der Arbeit. Außerdem blasen Stürme am liebsten Dächer weg.

Arbeit tauscht man für Geld, Ware tauscht man für Geld, und Arbeit wandelt sich in Ware und Ware in Geld. Was Arbeit und Ware sind, wissen wir, doch niemand weiß, was Geld ist. Und trotzdem ist in der Wirtschaft das Geld der König aller Dinge und der Anfang aller Dinge. Das Geld ist es, was die Wirtschaft in Bewegung hält.

Liebe zum Geld ist Liebe zum Leben, da das Geld in seinem Hin und Her und seinem Auf und Ab das Leben widerspiegelt und sein Besitz Annehmlichkeiten und Privilegien mit sich bringt, die das eigene Leben mehren und stärken.

Wer das Geld nicht liebt, hat von der Wahrheit noch nichts begriffen; hat er doch keinen Sinn für das Hin und Her und Auf und Ab der Welt.

Kenntnis der Welt und Kenntnis des Geldes sind ein und dasselbe.

Der Fluß des Geldes gibt die Wahrheit deutlicher wieder als ein mit Wasser gefüllter Fluß.

Spekulant zu sein, ist Weisheit, die sich im wahrsten Sinne des Wortes bezahlt macht.

Es ist gar nicht verwunderlich, daß erfolgreiche Spekulanten zumeist kerngesund sind, denn jemand, der das Auf und Ab des Geldes begreift, begreift auch das Auf und Ab seines Körpers.

Unser Geld ist wie ein Teil unseres Körpers, der gleich den anderen Körperteilen Pflege braucht, und es ähnelt am meisten unserem Blut, das nur dann gesund ist, wenn es sich ständig bewegt. Mit dem Wachstum steht es jedoch ebenfalls in enger Verbindung, denn wenn unser Geld mehr wird, werden auch wir selbst mehr, und wird es weniger, nehmen auch wir selbst ab: an Bedeutung, Selbstverwirklichungsmöglichkeiten und sozialem Prestige.

Geld ist wie ein Teil des eigenen Körpers; daher fällt es ebenso schwer, einem Vermögensverwalter zu trauen, wie einem Arzt.

Die Liebe zum Geld ist Teil der Liebe zu sich selbst.

Geld bleibt nicht bei seinem Schöpfer, sondern bei dem, der es zu erlangen und zu mehren versteht.

Das Geld nimmt seine Heimstatt nicht dort, wo es sich geliebt und willkommen, sondern dort, wo es sich verstanden fühlt.

Der Mensch sitzt auf seinem Geld und die Henne auf ihren Eiern. Ausbrütend erstreben beide ein Mehr und verschmähen bereits das Nicht-Mehr als ein Weniger.

Hätten die Götter uns nicht die Gier gegeben, hätte das Geld keine Macht über uns.

Geld ist das einzige, das immerwährende Beständigkeit hat. Ein Staatsoberhaupt kann abgewählt und gedemütigt werden, das Geld aber wird immer geehrt.

Wir ziehen das Geld der Nahrung vor, läßt sich mit Geld doch alles – auch Nahrung – erwerben.

Nur Geld, das in Bewegung ist, vermehrt sich. Doch auch Geld, das weniger wird, wird durch das Weniger-Werden in Bewegung gehalten.

Was das Geld für die Wirtschaft ist, ist das Apeiron für das Sein: Alles hängt von ihm ab, und doch weiß niemand, was es ist.

Der Wurm durchbohrt die Erde, das Schwein suhlt sich im Dreck, und der Mensch giert nach Geld, durch das er zwischen sich und der Welt eine nicht immer leicht zu bestimmende Verbindung hält.

Daß der Immobilienmarkt wenig, der Zinspapiermarkt mittelmäßig und der Aktienmarkt stark schwankt, hängt damit zusammen, daß ersterer der Erde, der zweite dem Wasser und letzterer der Luft verwandt sind und alle drei sich gemäß des ihnen angestammten Elements verhalten. Denn die Erde ist schwerfällig, Gebirge und Täler entstehen langsam. Das Wasser hingegen ist still oder gemächlich bis schnell fließend. Die Luft wiederum fliegt geschwind und unbeständig auf und ab und hin und her, manchmal als Ganzes und manchmal nur Teile von ihr. Und das Feuer steht für alle drei Märkte, da sie sich alle selbst erneuern, sterben und geboren werden.

Was oben ist, muß herunter, und was unten ist, muß hinauf. Und Altes stirbt ab, und Neues kommt hinzu. Fehlgeburten stehen Sternschuppen gegenüber. Der Kosmos ist der große, die Börse der kleine Aktienmarkt.

Reichtum ist nützlich, da er uns von den Sorgen und Zwängen des Alltagslebens weitgehend erlöst und uns somit frei macht, uns um wirklich Wichtiges zu kümmern. Doch dürfen wir darüber nicht vergessen, daß er nur Mittel und nicht Zweck ist, denn er selbst ist freilich ein unsicheres Gut, von dem wir nicht wissen, wer es einst rauben, gewinnen oder erben wird.

Denken ist theoretische, sein Geld zu mehren und die Gesundheit zu erhalten, praktische Philosophie.

Gott und die Götter

An Gott oder Götter glaubt nur, wer selbst kein Gott ist.

Ohne den Glauben an die Götter gelangt man schwer in die höhere Erkenntnis hinein. An diesem Glauben festhaltend, kann man jedoch nicht in ihr bleiben.

Wer nichts vom Menschen weiß, weiß auch nichts von Gott und den Göttern.

Gut und wissend werden = „Vergottlichung".

Gott und die Götter geben uns immer nur soviel, als wir verstehen, ihnen durch das Wesen der Dinge und unser Wissen um dieses Wesen abzuringen. Die Gebete der meisten Menschen allerdings sind nur widerliche Speichelleckerei und sinnlose Laute, hineingelallt in die antwortlose Dunkelheit.

Menschen, die sich viel und häufig auf Gott berufen, sind zumeist sehr ungöttlich, während Menschen, die wahrhaft an Gott glauben, Gott auch in und an ihnen selbst offenbar machen.

Die Folter beweist, daß es selbst dem Weisesten nicht so leichtfällt, zum Gott zu werden.

Die Götter der großen Weltreligionen bestrafen die Schlechtigkeit der an sie Glaubenden mit Schweigen.

Unter den unsterblichen Göttern gehören der Gott des Hin und Her und der Gott des Auf und Ab zu den größten. Der allergrößte Gott aber ist der des Kreislaufs und des Runden. Sowohl der Makro- als auch der Mikrokosmos sind von ihm mehr durchdrungen als von jedem anderen Gott.

Gibt es einen Gott, so war dieser gezwungen, die Welt nach dem Logos zu schaffen, da er ihm selbst unterworfen ist.

Indem die Welt als etwas sich selbst Genügendes vollkommen und unabhängig ist, kann nur Nicht-Geschaffenes sie sein und somit weder ein Gott noch irgendwelche Götter sie geschaffen haben.

Die Christen verstehen nichts vom wahren Wesen der Dinge, wenn sie behaupten, daß ein Gott, der über und außerhalb der Welt stehe, die Welt geschaffen habe. Denn wenn Gott nicht Teil der Welt ist, was ist er dann? Etwa eine zweite Welt? Und gibt es eine zweite Welt, warum dann nicht gleich auch noch eine dritte annehmen, die die zweite geschaffen habe, usf.? Und außerdem, wenn Gott etwas von der Welt Verschiedenes wäre, wie wäre es dann möglich, daß er die Welt geschaffen habe? Wie will aus Nicht-Welt Welt kommen? Gott muß folglich Teil der Welt oder überhaupt nicht sein. Ist er aber Teil der Welt, dann kann er nicht so sein, wie die Christen meinen, denn als Teil der Welt ist er möglicherweise immer noch Schöpfer, gleichzeitig aber auch Geschaffener und Sich-Wandelnder, denn alles in der Welt wandelt sich.

Weiterhin kann Gott auch nicht – wie es das christliche Dogma will – vollkommen sein, denn wäre er vollkommen, wäre er auch sich selbst genug und hätte die Welt niemals erschaffen. Und auch im Rahmen der christlichen Lehre als solcher erscheint dieser Vollkommenheitsanspruch als absurd. Die Christen sagen doch selbst, daß Gott es für nötig hielt, seinen Sohn einen Martertod am Kreuz sterben zu lassen. Wie anders hätte so etwas nötig werden können als dadurch, daß Gott bei der Schöpfung Fehler beging? Ist er aber nicht fehlerlos, so ist er auch nicht vollkommen.

Musik, Tanz

Das Wesen der Welt ist musikalisch.

Wenn Musik etwas ist, wo befindet sie sich?

Wenn wir Musik hören, wo ist dann ihr Ort?

Wenn zwischenmenschlicher Austausch etwas ist, wo wird er sein, und wenn Musik etwas ist, wo wirst du sie finden?

Musik = der Weltengang in Tönen.

Musik erfaßt die Seele so sehr, daß selbst noch der Körper davon zittert.

Trifft Musik unseren Gehörsinn, reizt dies den Sehsinn der Seele, und somit fahren beim Hören von Musik allerlei Bilder in uns vorüber.

Musik zieht erst die Seele in ihren Bann und diese dann ihrerseits den Körper. Die so entstehenden Bewegungen des Körpers werden auf unkultivierter Ebene Zuckungen und auf kultivierter Tanz genannt. Und das Trommeln auf Tischen und Stühlen, das Klatschen der Hände und das Stampfen der Füße, das die Hörer von Musik häufig aufweisen, erzeugt Geräusche, die sich in die gehörte Musik integrieren. Wieder andere Zuhörer singen, summen, schreien, dirigieren oder tun, als würden sie ein Instrument spielen, so sehr begehren sie sich in die Musik hinein, ohne je nach den Ursachen dieses, rein äußerlich betrachtet, völlig verrückten Verhaltens zu fragen.

In der sogenannten „Programm-Musik“ werden in Tönen mannigfache Begebenheiten und Landschaften beschrieben, und wir verstehen die Töne wie eine Sprache. Und überhaupt sagt die Tatsache, daß Musik vor unserem geistigen Auge so viele Bilder mühelos vorbeirauschen läßt, viel über das Wesen der Wirklichkeit aus.

In der Welt der Musik ist es zumeist so, daß Gesprochenes sich in der Form des Liedes unmittelbar in die Klänge integriert. In der Rap-Musik jedoch wird Gesprochenes häufig einfach nur mit schneller, monotoner Stimme in die Klänge hineingeredet. Dies zeigt, daß Gesprochenes und Musik sich auf vielerlei Weise verbinden und Sinneinheiten bilden.

Musik wird der Vorwurf gemacht, sie hindere die Menschen am Denken. Ein Körnchen Wahrheit ist auch tatsächlich in dieser Behauptung, denn dadurch, daß Musik unseren Sinn auf höheres Denken richtet, vergessen wir darüber bis zu einem gewissen Grade das alltägliche Denken.

Bei Tanzaufführungen ergeben die Bewegungen der Tänzer, ihre Mimik und Kostüme, die Töne der Musik und noch eine unbestimmte Anzahl weiterer Details eine in sich bewegte Sinneinheit, von der nur der Weise etwas versteht.

Daß Musik uns Tanz eingibt, ist bekannt, doch ebenso kann uns auch Tanz Musik eingeben.

Videoclips erinnern uns daran, wie sehr Welt und Musik zusammengehören und sich untereinander austauschen.

Videoclips sind sehr belehrend, denn aufbauend auf dem Wesen der Musik öffnen sie leicht und schnell unseren Sinn für die mannigfachen Verhältnisse zwischen Akustischem, Optischem, Gesprochenem, Regungen der Seele und Begebenheiten.

Ein Video-Clip macht Hören und Sehen zu einem.

Schmerz <—> Schmerzlosigkeit
Lust <—> Unlust

Die Lust ist eine wunderbare Zauberflüssigkeit, die sich aus sich selbst vermehrt, und die Seele ist das Gefäß, in dem sie sich befindet. Leerst du das Gefäß zu häufig und zu gründlich, bildet sie sich immer langsamer nach und versiegt am Ende völlig. Wartest du aber die Zeit ab, bis das Gefäß zum Zerspringen voll ist, und leerst du es dann auf einmal aus, hast du zwar seltenen, aber großen und sicheren Gewinn.

Nichts ist Lust näher als Unlust und umgekehrt.

Wer Meister der Lust ist, muß nur noch einen kurzen Weg gehen, um Meister des Schicksals zu werden.

Lust und Unlust perfekt handhaben zu können, ist größte Lebenskunst.

Der Schrei, Zeichen größter Lust und Unlust: beim Orgasmus größter Lust und beim tödlichen Hieb größter Unlust.

In der Natur ist Ungleichgewicht Unlust, die Wiederherstellung des Gleichgewichts große Lust und das Gleichgewicht selbst kleine Lust.

Entstehen ist Lust, Vergehen Unlust. Und der Übergang von Entstehen in Vergehen der Höhepunkt der Lust sowie der Übergang von Vergehen in Entstehen der Höhepunkt der Unlust.

Gäbe es die Unlust nicht, gäbe es auch die Lust nicht, so wie es auch Entspannung und Gleichgewicht nicht gäbe, gäbe es nicht Anspannung und Ungleichgewicht.

Der Orgasmus = Lustvorgang par excellence: Geben kann es ihn nur nach vorangegangener Unlust oder zumindest Lustlosigkeit durch sexuelle Enthaltung. Aufbauend auf dieser Voraussetzung folgt sich steigernde Anspannung, die, auf ihrem Höhepunkt angelangt, in Entspannung umschlägt. Ungleichgewicht wurde somit wieder zu Gleichgewicht.

Daß man nach einem Orgasmus für gewöhnlich gut schläft, hängt damit zusammen, daß ein Orgasmus ein Wechsel von Spannung in Entspannung ist. Und letztere ist naturgemäß schlafördernd.

In uns genauso wie außerhalb von uns ist Lust stets die Wandlung von Ungleichgewicht in Gleichgewicht und von Spannung in Entspannung. Und beim Gewitter ist es für das Wasser in den Wolken solche Lust, nach unten losgelassen zu werden, daß es dabei noch einige Blitze abgibt, nach der derselben Art, nach der der Geschlechtsverkehr für uns solche Lust ist, daß wir dabei noch etwas Flüssigkeit abgeben.

Wenn man Durst hat, trinkt man. Wenn man Hunger hat, ißt man. Wenn man müde ist, schläft man. Dies ist gewiß gut und richtig. Dennoch kann es auch richtig sein, bei Durst nicht zu trinken, bei Hunger nicht zu essen und bei Müdigkeit nicht zu schlafen. Bringt doch die Vergrößerung des Ungleichgewichts dann später beim letztendlichen Nachgeben (das ja doch einmal sein muß) nur um so größere Lust hervor.

Die Menschen empfinden Lust beim Essen, beim Anblick der schönen Natur und beim Orgasmus, Unlust hingegen beim Geschlagen-Werden, bei einem Tun, das sie nicht ausführen wollen, und bei der Unterordnung unter einen Geringeren. Über die Ursachen dieser Lüste und Unlüste wissen die meisten Menschen jedoch sowenig wie über die Ursachen ihrer nächtlichen Träume.

Gleich den meisten großen Veränderungen im Leben gehen Geburt, Eintritt der Geschlechtsreife und Sterben mit Lust und Angst einher. Und es ist ein Verbrechen an der Menschlichkeit, daß man im Falle der Geburt und des Sterbens den Menschen nur die Angst beläßt, ihnen die Lust aber raubt, wie man das in den Geburts- und Sterbeabteilungen moderner Krankenhäuser beobachten kann. Unter solchen Umständen verwundert es nicht, daß sogar noch der Eintritt der Geschlechtsreife bei den meisten lustlos bleibt.

Beim Stillen ihres Kindes verliert die Mutter Energie, indem sie Nahrung abgibt, und sie gewinnt Energie, indem ihr das Saugen des Kindes an der Brustwarze Lust bereitet. Wenn man nun den Verlust durch Nahrungsabgabe und den Gewinn durch Lust gegeneinander aufrechnet, sieht man deutlich, daß die Mutter bei diesem Handel nicht schlecht wegkommt, denn Lust in der Seele richtet uns mehr auf als Nahrung im Körper. (Übrigens wird die Lust der Mutter zwar an der Brustwarze erzeugt, aber in ihrem Bauch gespürt. Daher wirkt sie appetitfördernd, wodurch die Mutter dazu gebracht wird, mehr Nahrung als sonst aufzunehmen, was sie wiederum in die Lage versetzt, Nahrung mühelos abzugeben. Also selbst da, wo man meinen sollte, die Mutter habe beim Stillen des Kindes einen Verlust, bildet sich dank der Lust ein Kreislauf von Abgabe und Zunahme, der die Mutter vor wirklichem Verlust beschützt.)

Schmerz ist nur in unserer jetzigen Daseinsform das, was er ist. In einer zukünftigen wird er wohl nichts für uns sein, vielleicht aber auch etwas anderes und am Ende gar – Lust?

Schmerz ist Unfreiheit, Schmerzlosigkeit Freiheit. Schmerz liegt im Begrenzten, Schmerzlosigkeit im Unbegrenzten.

Enge und Beschränktheit sind die letzten Ursachen allen Schmerzes, denn das Unendliche ist schmerzlos.

Schmerz gehört zur Vereinzelung und bewahrt und beschützt das einzelne. Das Ganze jedoch ist freilich schmerzlos, und wo und wann immer wir eins sind mit dem Ganzen, sind wir auch ohne Schmerz.

Schmerz gehört dem Schlechten, Schmerzlosigkeit dem Guten an.

Der Unwissende lebt nicht freiwillig nach den Gesetzen des Universums, weswegen diese Gesetze selbst ihn immerfort unter sich zwingen müssen. Deshalb lebt er krank und in sinnlosen Schmerzen. Der Wissende hingegen fügt sich nahtlos ein in diese Gesetze und versteht sich sogar noch darauf, sie zu seinem Vorteil zu wenden. Daher ist er gesund und lebt in heilsamen Schmerzen.

Vor, zurück, Zeit

Alles geschieht in der Ordnung der Zeit unter dem Gesetz des Gegensatzes und nach Schuldigkeit im Rahmen der Gerechtigkeit.

Man kann sich zwar vorstellen, daß alle Uhren stehenbleiben, nicht aber, daß die Zeit stehenbleibt.

Die rechte Zeit für die rechte Sache erlangen.

Die Sonne hält zur Erde einen Abstand, der zwar regelmäßig jahreszeitlich variiert, aber doch seit vielen Jahrtausenden unverändert derselbe ist, woran man sieht, daß die Sonne in der Ordnung der Zeit einen ganz anderen Platz einnimmt als beispielsweise wir, denn auch sie durchläuft Kindheit, Erwachsenensein und Alter, aber in von uns völlig verschiedenem Maß. Und trotz der Verschiedenheit des Maßes ist unsere Zeit ohne die ihre nicht denkbar, gäbe es uns ohne sie doch überhaupt nicht.

Die Ordnung der Zeit ist unter den Menschen sehr schnellfließend. „Gut", ist immer nur das, was ihnen als gut erscheint, und das wechselt zumeist sehr schnell auf der Ebene der Völker wie auf der des Individuums. Und wer mit dieser Schnelligkeit nicht mithält, den bestrafen die Erinnyen.

Freiheit ist zeitlos, denn sie ist das Wissen um die Gesetze, nach denen alles in der Zeit geschieht.

Etwas gilt zeitlos oder überhaupt nicht.

Auf den ersten Blick sieht es so aus, als sei die Vergangenheit wirklicher als die Gegenwart und die Gegenwart wirklicher als die Zukunft. Denn was vergangen, ändert sich nicht mehr und ist darum ganz wirklich. (Lediglich unsere Einstellung zu Vergangenem kann und wird sich ändern. Nicht aber das Vergangene selbst.) Die Gegenwart wiederum, die zur Hälfte Vergangenheit und zur Hälfte Zukunft ist, ist nur halb wirklich. Und die Zukunft endlich ist ganz und gar unwirklich, da sie ja überhaupt noch nicht eingetreten ist. In Wahrheit jedoch ist nur das wirklich, was jenseits von Vergangenheit, Gegenwart und Zukunft liegt, sich uns Sterblichen aber immer nur in diesen drei Zeitstufen offenbart.

Die meisten Menschen leben an der Wahrheit vorbei, wenn sie glauben, daß immer genau der Zeitpunkt, an dem der Wecker rasselt, die rechte Zeit sei, am Morgen aufzuwachen.

Die Zeit läuft stets vorwärts wie eine Zahlengerade, und selbst wenn wir an Vergangenes denken, denken wir im Rahmen der Zeit immer nur vorwärts.

Auch wer rückwärts geht, geht immer nur nach vorn.

Vor- und zurückschreitend sind wir vorwärtsschreitend.

Wir schreiten nur nach vorne, ist doch alles Zurück durch Wahrheit und Gewißheit aus der Welt verbannt worden.

Zurück ist nur eine andere Form von Vorwärts.

Selbst während wir in unserer Seele durch die Erinnerung die Zeit zurückdrehen, geht die Zeit immer nur vorwärts.

Unkategorisiertes

a) Leichtes

So manches Lebewesen, das ein anderes Lebewesen ißt, wird, nachdem es gegessen hat, selbst von einem anderen Lebewesen gegessen.

Unwissenheit über das Gesetz schützt weder davor, dem Gesetz unterworfen zu sein, noch davor, bei Übertretung des Gesetzes bestraft zu werden.

Anstrengung macht müde und Müdigkeit Ruhe angenehm. Jedoch vor der Ruhe ohne Müdigkeit flüchtet man am besten in die Anstrengung.

Die Gestirne hören nicht auf, umeinander zu kreisen, weil der Widerspruch aus Anziehung und Abstoßung sie in festen Bahnen hält.

Anders als bei den Gestirnen zwingt derselbe Widerspruch Mann und Frau nicht auf feste Bahnen umeinander, sondern er bringt sie dazu, sich ganz zu vereinen, um sich alsdann wieder ganz zu trennen, und umgekehrt. Und langes Vereintsein macht das Getrenntsein angenehm, langes Getrenntsein hingegen das Vereintsein.

Anstatt den für eine bestimmte Aufgabe ungeeigneten Menschen zu etwas zu zwingen, was er nur schlecht oder gar nicht tun kann, soll man lieber von Anfang an einen geeigneten Menschen auswählen.

Dieselbe Liebe und Achtung, die du als kleines Kind gegenüber deinen Eltern gehabt hast, habe gegenüber deinen Kindern, wenn du einst selbst Vater oder Mutter bist.

Wer lange am Strand steht und aufs Meer hinausblickt, dessen Haar legt sich von der Seebrise getrieben flach am Kopf nach hinten.

Das All bleibt sich in der Wandlung stets gleich, und die Seele ruht sich in der Bewegung aus.

Die Götter bleiben stets sich selbst gleich. Nur die Menschen versetzen den Logos immer wieder hier und da in seltsame Bewegung.

Nahendes Unheil siehst du nur dann kommen, wenn du einer solchen Voraussicht würdig bist.

Weltbildung und Weltuntergang wechseln einander ab wie Hunger und Sättigung. Und alle vier kommen heraus und kehren zurück in den gleichen Urgrund.

Sage den Menschen nicht das, was sie hören wollen, sondern das, was sie zu überhören trachten.

Gib dem Frager nicht die Antwort, die er sich auf seine Frage wünscht, und schon ist die Feindschaft da.

Der Ängstliche verbreitet Angst und der Freudige Freude; und überhaupt sind alle Gefühle ebenso ansteckend wie Gedanken.

Das Land schiebt sich ins Meer, und das Meer überflutet das Land. Das Feuer verbraucht die Luft, und die Luft bläst das Feuer aus.

In der Luft sind wir nicht sicher, und wer in ein Flugzeug steigt, sollte sich daher des Flugzeugs sicher sein.

Großes wird klein, Kleines groß, der erigierte Penis schlaff, der schlaffe Penis erigiert.

Wie das Rasseln des Weckers aus morgendlichen Träumen, so reißt uns die Vernunft aus der Vereinzelung.

Das Wachen drängt das Schlafen und das Totsein in den Hintergrund. Das Schlafen drängt das Wachen und das Totsein in den Hintergrund. Das Totsein drängt das Wachen und das Schlafen in den Hintergrund.

Das Warme verlangt nach Kaltem und das Kalte nach Warmem ebenso wie unser Körper an heißen Tagen nach einem kühlen und an kalten Tagen nach einem warmen Getränk verlangt.

Die Sinne sind uns am nächsten. Durch sie kommt die Wahrheit schneller als durch Gedanken.

Wessen Schlaf gestört ist, dessen Wachen ist auch gestört.

Unser erstes Wort ist „Mama“ nach der Notwendigkeit, unser letztes Wort wählen wir selbst gemäß dem Grad der Reife, die wir während der Zeit unseres Lebens erwarben.

Wir wachen am Morgen auf und betrachten unseren Körper und sehen nicht, daß er neu ist wie der neue Tag.

Die Vögel durchstreifen die Luft, die Fische das Wasser und die Würmer die Erde. Nur im Feuer lebt nichts, das durch den Tod alles Leben erneuert.

Lange ein nicht-isoliertes Stromkabel an und du wirst erleben, daß dieselbe unsichtbare Kraft, die im Metall wirksam ist, auch in dir wirksam ist.

Wie könnte jemand Umgang pflegen mit etwas, das nicht im Grunde dasselbe wie er selbst ist?

Wenn unsere Seele im Vorbeischreiten Bilder und immer neue Bilder aufnimmt, können wir auf all das scheinbar Verschiedene deuten und sagen: „Das bin ich. Das bin ich."

In unserer Verschiedenheit entstiegen wir alle dem Gleichen.

Uns offenbar altert die Sonne, uns verborgen verjüngt sie sich. Der Mond hingegen altert und verjüngt sich im Offenbaren und Verborgenen gleichermaßen.

Der Morgen bringt Schmerz, der Abend Trost.

Der Hund lebt von den Menschen, die Katze bei den Menschen und die übrigen Haustiere mit den Menschen. Die meisten Tiere jedoch leben in Wald und Flur und fliehen den Menschen.

Wenn es hell ist, durchschreiten wir Licht, und wenn es dunkel ist, Dunkelheit, und unsere Dunkelheit verschlingt das Licht, und unser Licht durchdringt die Dunkelheit.

Krankheiten erinnern uns daran, wie sehr wir eins mit allem sind. Jedoch nur als Gesunde können wir uns dieses Einsseins erfreuen.

Obwohl die Dinge sich ständig wiederholen, sind sie doch ständig neu.

Die Jugend träumt vom Alter, und das Alter erinnert sich an die Jugend.

Wenn ein junger und ein alter Mensch miteinander Sex haben, ist der junge danach etwas älter und der alte etwas jünger.

Die Erinnyen treiben Unwissende so weit, daß diese sich manchmal wie Wissende benehmen.

Kategorischer Imperativ: Handle so, daß du im nachhinein glauben kannst, daß, wenn nicht dein Wille, sondern das All dich gelenkt hätte, du genauso würdest gehandelt haben.

Worauf man steht, nach dorthin fließt das Blut: wenn auf den Füßen, so in die Füße, wenn auf dem Kopf, so in den Kopf.

Wasser filtert die Luft und macht somit den Landwesen das Atmen leichter, und die Luft reichert das Wasser an und macht somit den Wasserwesen das Atmen leichter. Und Luft wandelt sich in Wasser und Wasser in Luft.

Einige Wesen atmen an der Luft, andere im Wasser. Und in dem ihnen jeweils fremden Element ersticken sie. Ein paar wenige jedoch (die Amphibien) atmen gleich gut an der Luft und im Wasser.

Wenn wir im Wasser schwimmen, ragt unser Körper nach dem Einatmen mehr aus ihm heraus als nach dem Ausatmen.

Wir können im eigenen Leib spüren, wie etwas, was Nicht-Luft war, sich teilweise in Luft verwandelt, nachdem wir Blähendes gegessen haben.

Feuer: Ende und Neubeginn. Ausatmen in die Luft, defäkieren in die Erde, urinieren ins Wasser. Den toten Körper aber ins Feuer.

Alles ist in Bewegung und nirgends Stillstand. Woher kommt das?

Manche Frauen wissen so viel von der Welt, daß sie ihre Menstruation regelmäßig bei Vollmond bekommen.

Die Verrücktheit macht die Normalität und die Normalität die Verrücktheit angenehm.

Vom schönen Körper des anderen Geschlechts geht eine Anziehung aus, von deren Universalität nur wenige etwas wissen.

Penis und Vagina gehören zu den wenigen Dingen, bei denen selbst die Unwissenden ahnen, daß augenscheinlich ganz Verschiedenes doch Gleiches ist.

Beim Geschlechtsverkehr findet ein Austausch statt, der belehrender ist als die Lektüre der Philosophen.

Nur jemand, der das Wesen von Sünde und Sprache kennt, kann „von Sünden freisprechen".

Wenn wir fernsehen, haben wir Anteil an der uns im Film vorgeführten Bewegung, obwohl wir still zuschauend dasitzen.

Wenn das Feuer etwas ist, das den Dingen nichts hinzufügt, dann sind die meisten Dinge nur durch Luft und Rauch aufgequollene Asche.

Wenn du am Meeresufer stehst und die Wahrheiten der Welt in die brausende Brandung hineinschreist, dringt deine Stimme von der vergangenen bis in die kommende Ewigkeit.

Der Tanz lebt aus der Musik, denn ohne sie wirkt er nicht, und das Geld kommt aus Arbeit und Ware, denn ohne diese beiden hat es weder Wert noch Deckung.

Die Pole sind kalt und die Tropen warm, und der Kampf der Gegensätze erzeugt das Wetter.

Das Raubtier und der Aasfresser leben gleichermaßen vom Beutetier.

Wer sich nicht eins mit allem fühlt, der fühlt sich einsam, und wer sich einsam fühlt, der ist einsam.

Alles Geschehen steht unter dem Gesetz des Gegensatzes. Der Urgrund allerdings, aus dem die Gegensätze stammen, ist ewig derselbe.

Niemals siehst du dir etwas von der Welt an, ohne daß nicht die Welt auch dich ansieht, und niemals berührst du etwas in der Welt, ohne daß die Welt nicht auch dich berührt.

Die Physik lehrt uns, daß Energie unvergänglich ist, ständig von einem System zum anderen wechselt und daß die Gesamtenergie des Universums ständig gleich bleibt.

Der Geschlechtsakt ist des Höchste und Niedrigste, Göttlichste und Tierischste, ganz Himmel und ganz Erde. Wer ihn begreift und zu handhaben weiß, dem fehlt nichts mehr zur Weisheit.

Die Sterne fliehen die Sonne und die Sonne die Sterne.

Bewußtlosigkeit macht die Bewußtheit zum Genuß und die Bewußtheit die Bewußtlosigkeit.

Das Wort vergeht ebensowenig wie die Welt.

Wenn der Regen etwas ist, woher kommt er, und wer oder was hat ihn gemacht?

Der Bilharzia-Wurm ernährt sich von unserer Leber ebenso wie wir uns von Schweine- oder Rinderleber.

Kot und Erde sind deswegen artverwandt, weil ersterer Verdauungsprodukt eines kleinen und letzterer Verdauungsprodukt des großen Kosmos ist.

Den Weisen erkennt man daran, daß er glücklich ist, sobald auch nur einen kurzen Moment lang nichts ihn unglücklich macht.

Unsere Träume ahmen die Welt ebenso nach wie die Welt unsere Träume.

Durch Luft sehen wir deutlich, durch das Wasser verschwommen und durch Erde überhaupt nicht. Und wie steht es mit dem Feuer?

Wo will ich mich selbst im All situieren? Wo hat die eigene Seele ihren Platz im Ganzen der Weltseele?

Die Erde schwer und fest, das Wasser fließend und bewegt, die Luft fein und allgegenwärtig und das Feuer reinigend und erneuernd.

Wenn Kinder am Strand mit den Wellen spielen, spielen die Wellen auch mit ihnen.

Die vier Elemente sind ein einziges Element, das sich aus sich selbst heraus nach eigenem Gesetz bewegt.

Manches Licht wärmt die Gegenstände, die es trifft, und manches nicht. Doch das eine wie das andere verwandelt sich in der Photozelle in Strom.

„Alles ist eins", ist leicht gesagt, doch nur die starke Seele vermag es zu leben.

Daß die Morgenröte zuerst das Meer und dann die Erde erwachen läßt, liegt in der Natur der Sache.

Die Sonne ist nichts als hervorbrechende Vitalität, gezügelt lediglich durch die Erinnyen. Daher dürfen wir ihr nicht zu nahe kommen, denn wir sind außer Vitalität auch noch Denken, Fühlen und Körper.

Jemanden mit etwas bewerfen ist Zeichen großer Verehrung und Verachtung: bei Blumen Verehrung, bei faulen Eiern Verachtung.

Am Sandstrand spazierenzugehen = Bewegung im Grenzbereich zwischen Meer und Erde. Auf der Erde spazierenzugehen= Bewegung im Grenzbereich zwischen Luft und Lava.

Am Abend sind wir erwachsener als am Morgen.

Der Natur gegenüber soll man nicht unwissender Herr, sondern wissender Diener sein. Nur dann beherrscht man sie.

Der Blindgeborene sah niemals Licht und Dunkelheit, und doch weiß er um Tag und Nacht und den Wechsel beider.

Die Gestirne kann man besser besprechen als Menschen, denn sie besitzen mehr Vernunft und sichereres Maß.

Leid und Schmerz beruhen auf einem Irrtum.

Das Spiel: die reinste Form fraglosen und unwissenden Daseins.

Gäbe es die Nacht nicht, würde es keinen Unterschied machen, ob es Eulen gäbe oder nicht.

Und sie sitzen da und murren über die Härte des Schicksals, ohne zu wissen, was Schicksal und Schmerz sind.

Leiden schafft Kreativität, doch überwunden werden kann es nur durch Wissen.

Alles Statische ist unwahr, denn die Wahrheit befindet sich in Bewegung.

Schon während ich dies denke und schreibe, bin ich's und bin ich's nicht.

Viele Menschen, die in der Folge in geistige Umnachtung fielen, klagten zuvor darüber, daß es ihnen vorkomme, als seien die Gestirne aus ihrer Bahn geraten.

Jugend und Alter sind gleichermaßen notwendig und verdienen gleiches Ansehen.

Das, aus dem alles kommt und in das alles zurückgeht, ist zugleich auch das unfehlbare Weltgericht, vor dem wir uns alle verantworten müssen.

Ein Kind, das spielt, bringt Weiseres und Nützlicheres hervor als ein Philosoph, der meditiert.

Wer den rechten Weg vergessen hat, hat sich auch vorher nie wirklich an ihn zurückerinnert.

Meine ich denn, was ich sagte?

Gleichgewicht aus Anziehung und Abstoßung: Umeinanderkreisen.

Alles, was vergeht, ist nicht wirklich.

Was ich nicht wähne, wird nicht wahr, und was ich nicht wünsche, wird nicht Wirklichkeit.

Der Geruchssinn lehrt uns, daß alles Ausscheidungen abgibt, die häufig noch da sind, während die Sache oder das Lebewesen, von denen sie ausgingen, schon längst nicht mehr anwesend sind.

Wenn ich denke, wo ist dann mein Denken? Im Gehirn, anderswo im Körper oder vielleicht außerhalb?

Wie kommt es wohl, daß aus der Mischung toter Stoffe Gedanken und Gefühle hervorgehen?

Unter dem Einfluß gewisser Halluzinogene erlebt man Farben als Töne und Töne als Farben.

Wenn du dem Mond einen Becher hinhältst, wird er trinken?

Ideologien bringen deswegen soviel Unheil mit sich, weil in ihnen das Denken den absurden Versuch macht, sich aus dem Sein zu lösen, mit dem es doch eins ist.

Manches, das giftig ist, schmeckt uns. Manches, das gut zu essen ist, ekelt uns.

Entsühnung ist gar nicht selten so angenehm, daß sie eine Sünde wert ist.

Wir würden des anderen Geschlechts nicht weniger bedürfen, wenn wir unser eigenes Geschlechtsteil lecken könnten.

Nichts können wir zerstören, doch alles wandeln.

Erschallt neben einem Saiteninstrument ein Ton, wird diejenige Saite am meisten schwingen, deren eigener Ton dem besagten Ton am ähnlichsten ist.

In heißen Ländern hört man die Menschen ebenso häufig über zu große Kälte klagen wie die Menschen in kalten Ländern über zu große Wärme.

Der Schall füllt unser Ohr wie eine Flüssigkeit ein Trinkglas.

Das menschliche Leben ist ein Tag mit Morgen, Mittag und Abend und die folgende Generation der nächste Tag.

Alles Schlechtsein ist Unmündigsein, denn niemand ist aus freiem Willen schlecht.

Ein unmündiger Mensch ist wie jemand, der erst dann den Geschlechtsverkehr vollziehen kann, wenn er vorher jemand anderen bei solchem Tun beobachtet hat.

Das Runde = ein nichteckiger Winkel.
Der Winkel = eine eckige Rundung.

Manche Menschen lesen Macbeth und haben, nachdem sie zu Ende gelesen haben, nur die eine Frage: „Was geschah mit dem Kind von Lady Macbeth?"

Manche, die in .der Lotterie gewinnen, gewinnen aus Glück und andere aus Unglück. Für erstere ist der Gewinn eine Belohnung, für letztere eine Strafe.

Wetterfühligkeit erinnert uns daran, daß wir eins mit allem sind.

Gläubigen Geistern gelten Götzen und Götter gleich gut.

Wenn wir schlafen, spricht die Welt in unseren Schlaf hinein.

Die Begierde richtet sich auf das Nahe und Sichtbare, die Weisheit auf das Ferne und auf die Ordnung, die sich im Fernen und im Nahen gleichermaßen kundtut.

Wissen ist unsere Waffe gegen das Schicksal.

Wären wir allesamt Hermaphroditen, würden wir uns nur in Ausnahmefällen selbst befruchten.

Stürzten auf der Erde alle Gebirge plötzlich ein, würde das Wetter entweder mit einer Ruhe- oder Unruhephase reagieren.

Wer jemand anders sein will, ist nicht er selbst.

Der Machtunterschied zwischen den Tieren und uns Menschen ist so groß, daß diese erst gar nicht zum Kampf gegen uns antreten.

Erkennen heißt, sich des Gleichseins mit dem Erkannten bewußt zu werden.

Dinge in der Ferne erscheinen klein, die in der Nähe groß.

Es wäre nicht besser für uns, hätte man uns gleich bei unserer Geburt getötet.

Umweltprobleme und die Zerstörung der natürlichen Lebensbedingungen kommen von unserem Unmaß und unserer Schlechtigkeit.

Die Klima- und Wetterveränderung auf unserem Planenten kommt von unserem Unmaß und unserer Schlechtigkeit.

Bußezahlen kann genauso Mehr-Werden als Weniger-Werden bedeuten.

Wahre Propheten wissen die Vergangenheit mindestens genausogut zu deuten wie die Zukunft.

Die Abendröte grüßt die ersten Sterne, und die Morgenröte sagt den letzten Sternen Lebewohl.

In der Göttersprache heißt das Sein „Gerechtigkeit".

Denn wer könnte dem entkommen, das er begehrt?

Den Gesang der Gestirne hört man mit dem Verstand, nicht mit den Ohren.

Der Schein ist nicht Unwahrheit, sondern ein Mittel der Wahrheit, sich zu offenbaren.

Dem Verständigen rauscht das Rauschen des Meeres nicht so sehr ins Ohr als vielmehr in die Seele hinein.

Die meisten Menschen sind nur Spreu im Wind, getragen nach wohin immer der Wind sie treibt, und, obgleich ständig getrieben vom Wind, doch ständig ohne Bewußtsein vom Wind. Der Wissende aber bemüht sich, schon als Mensch ein Gott zu werden, und verbringt sein Leben damit, das Göttliche in ihm zu stärken und zu vergrößern.

b) Schweres

Alles Sich-Bewegende ist der Spiegel der Zeit. Leicht ist es, sich vorzustellen, daß der Spiegel verlorengeht und plötzlich alles stillsteht. Schwer aber ist es, sich vorzustellen, daß die Zeit selbst verlorenginge.

Die Dinge dieser Welt sind der Spiegel des Raumes. Leicht ist es, sich vorzustellen, daß der Spiegel verlorengeht und die Dinge dieser Welt plötzlich verschwunden sind. Schwer aber ist es, sich vorzustellen, daß der Raum selbst verlorenginge.

Wer als erster das Denken aus dem Sein herausnahm, war ein Held. Wer es auch heute noch außerhalb des Seins beläßt, ist ein Narr. Und wer es einst wieder ins Sein zurücktut, wird abermals ein Held sein.

Wer eine falsche Meinung hat, ist ein Gegner, und wer keine Meinung hat, ein Sklave. Gut und richtig jedoch ist für alle gleich.

Daß es keinen Stillstand gibt und sich alles in ständiger Bewegung befindet, ist eine Erkenntnis, die einen zunächst erregt, dann aber auf immer beruhigt; ist sie doch zeitlos.

Will man die Welt erkennen, muß man sich zunächst von allen Vorstellungen darüber, wie man sich wünscht, daß die Welt sei, befreien. Dies tut man am besten dadurch, daß man sich auf seine Sinne verläßt und diese durch das Vertrauen, das man in sie setzt, stärkt. Das rechte Denken kommt dann ganz von alleine, denn die Seele atmet mit dem Kosmos.

Die Welt, wie man sie sich wünscht, nicht, wie sie ist.

Menschen dadurch, daß man ihnen vorgaukelt, die Welt sei so, wie diese sich das wünschen, auf die eigene Seite zu ziehen, ist üble Scharlatanerie.

Jedesmal, wenn einem gerade wieder einfällt, daß alles eins ist und daß es keinen Stillstand gibt: ein Gefühl, als sei man gerade über einen Stein gestolpert und habe augenblicklich das Gleichgewicht wiedererlangt.

Gib der Ziege Milch zu trinken, und sie wird anhänglich und unfrei. Gib ihr Wasser zu trinken, und sie wird selbständig und frei.

Die Uferfelsen ragen ins Meer hinein, denn sie lieben das Wasser, und das Meer umspült brausend die Uferfelsen, denn es liebt das Gestein. Die Uferfelsen sehen im Meer das Gestein, denn sie waren Wasser und werden es wieder sein, und das Meer sieht in den Uferfelsen das Wasser, denn es war Gestein und wird es wieder sein. Und so erwarten unter zärtlichen Liebkosungen beide ihre Wandlungen nach der Ordnung der Zeit.

Nie kriegst du einen Gedanken, der als reiner Geist durch deine Seele fährt, anders zu fassen, als daß du ihn mit dem Netz des Wortes fängst und ihn dadurch veränderst. Und bringst du den Gedanken zu Papier, hast du ihn abermals verändert.

Setze etwas ein für allemal verbindlich fest, und schon ist der innere wie äußere Widerspruch da. Zieh aus etwas alle Bewegung ab, und schon hast du es zerstört und in neue Bewegung versetzt.

Das Faszinierende an allem Seienden ist, daß es sich ständig bewegt und nie stillsteht. Warum aber fasziniert uns diese Tatsache immer wieder aufs neue, denn wir pflegen doch gegenüber allen Dingen, die uns täglich begegnen, abzustumpfen und sie nicht mehr als faszinierend zu empfinden? Die Antwort hierauf ist, daß die in uns lebende Illusion, daß letztlich eben doch alles Stillstand wäre und eines Tages alles für alle Zeiten verbindlich festgesetzt werden könnte, trotz beständig widerstreitender Erfahrung einfach nicht auszumerzen ist.

Wenn du über lange Zeit hinweg immer wieder mit verschiedenen Frauen Sex hast, beginnst du allmählich, in jeder von ihnen nur noch „die Frau" als solche zu erblicken.

Im Menschen das Prinzip Zufluß-Abfluß und Aufnehmen-Abgeben: äußeres Zeichen seiner Gemeinschaft und Gleichheit mit dem All.

Ein kluger Baum wird mit seinem Wachstum besonnen verfahren: Zuerst wird er immer an die Wurzeln denken, daß sie tief und stark genug sind, den Saft mühelos auch bis in die obersten Spitzen zu treiben und das Gewicht des Stammes auch bei starkem Wind zu tragen. Dann wird er den Gang der Sonne studieren und sich ausrechnen, welchen Winkel er einnehmen muß, um das meiste Licht zu erhalten. Großen Bäumen, die ihn erdrücken könnten, wird er ausweichen. Und bei alledem wird er darauf achtgeben, nicht zu einseitig geneigt zu werden, damit er nicht Gefahr läuft, wenn er groß geworden, nach einer Seite aufgrund des eigenen Gewichts umzufallen.

Tagsüber verdunkelt das Licht der Sonne den Glanz der Gestirne, und im gewöhnlichen Alltagsleben verdunkelt die Klarsicht der Alltagsvernunft den Glanz der wahren Vernunft.

Alles um uns herum fängt klein an, wird groß, nimmt wieder ab und vergeht schließlich. Seltsam, daß das, was uns in allen Dingen als alltäglich und wohlbekannt erscheint, uns, wenn es uns selbst betrifft, häufig ganz fremd ist.

Die Pflanze ißt die Erde, ein Teil der Tiere die Pflanze, ein anderer Teil andere Tiere und der Mensch das eine wie das andere. Und alle werden wieder Erde, damit die Pflanze leben kann und der Kreislauf nie endet.

Das Gleiche ist wirksam in allen Dingen, wie verschieden sie uns auch erscheinen mögen. Und wenn wir auch nicht fähig sind zu sagen, was dieses Gleiche sei, so wissen wir doch mit Sicherheit, daß es da ist, können wir doch den in allem erkennbaren Logos deutlich wahrnehmen.

Essen verläßt unseren Körper als kompakte, Getränke als flüssige Substanz. Und im Körper selbst bleibt Kompaktes und Flüssiges in dem dem Körper entsprechenden Maß zurück.

Wir erhitzen Fleisch, bevor wir es essen, damit die Stoffe, aus denen es besteht, sich leichter lösen und diejenigen unter ihnen, die „uns“ sein wollen, bei uns blieben und diejenigen, die „anderes“ sein wollen, aus uns herausgehen können; hat das Schicksal doch verhängt, daß wir selbst erst nach einer bestimmten Zeit „anderes“ werden.

Alles muß aus einem gleichen Urgrund stammen und überhaupt gleich sein, denn sonst wäre es doch nicht möglich, daß nicht nur verschiedene, sondern sogar so sehr verschiedene Dinge wie Seele und Materie die mitunter innigsten Verbindungen eingehen.

Wer aus einem fliegenden Flugzeug springt, überlebt nur dank des Fallschirms, auf der Erde aber tun wir dieses und jenes, und jeder hat ein anderes Todeslos.

Im Krieg drücken Menschen Knöpfe oder ziehen Hebel, und Körper anderer Menschen werden in Massen zerfetzt. Und so ist der Tod der letzteren Antwort auf den Tötungswunsch der ersteren.

Beim Spaziergang am Meeresufer kommen einem deswegen so viele gute Gedanken, weil man sich hier an der Grenze zweier Elemente, des Wassers und der Erde, befindet und man beim Dahinschreiten von beiden gleich stark inspiriert wird.

Betrachtet man am Meeresufer das Auf und Ab der Wellen und das Hin und Her der Menschen am Strand, sieht man deutlich, daß die Bewegungen beider wesensgleich sind.

Wenn ein süßes, kleines Katzenjunges seine Pfötchen in unsere Richtung ausstreckt, kann das in uns deswegen angenehme und fürsorgliche Gefühle hervorrufen, weil die Katze trotz ihrer anscheinenden Verschiedenheit von uns und unseren Kindern Gleiches ist wie wir.

Das Wasser überschwemmt die Erde, und die Erde verdrängt das Wasser. Die Luft ist über beiden, und alle drei sterben und erneuern sich im Feuer. Doch alle vier kommen aus und gehen in das zurück, das ihnen zugrunde liegt.

Wenn ein Kind einen Drachen steigen läßt, spielt nicht nur das Kind, sondern auch die Luft mit dem Drachen. Und da beide – das Kind und die Luft – sich das gleiche Spielzeug teilen und so darüber verfügen, daß jeder von ihnen seine Freude an ihm hat, entsteht zwischen dem Kind und der Luft eine Harmonie wie zwischen Freunden.

Der Körper des Mannes ist zumeist stärker als der der Frau. Und beim Geschlechtsverkehr dringt der Penis des Mannes in die Vagina der Frau ein, jedoch niemals könnte eine Vagina in einen Penis eindringen.

Die Tatsache, daß die Körper anderer Menschen je nach Beschaffenheit eine starke, schwache oder gar keine Anziehung auf uns haben, belehrt uns darüber, daß auch unser eigener Körper in der Ordnung der Körper seinen Platz hat und daher auf andere Körper in der jeweils angemessenen Weise reagiert.

Wandlung des Geistesgestörten zum Weisen: Der Geistesgestörte erzählt in seinen Symptomen symbolisch verschlüsselt die Geschichte seines Leidens. Der Weise, der ohne Illusion die Geschichte seines Leidens unverschlüsselt zu erzählen vermag, kann dem Geistesgestörten seine Geschichte zu entschlüsseln helfen und den Geistesgestörten dadurch selbst in einen weisen Mann ohne Illusionen verwandeln.

Daß Platin, Gold und Silber mehr Wert haben als Kupfer, Nickel und Eisen, liegt daran, daß wir uns erstere, da sie rar sind, als wertvoller denken als letztere und die Welt immer so ist, wie wir sie denken.

Alles verändert sich beständig, aber irgendwie muß trotzdem immer alles gleich bleiben, denn sonst könnten wir im Leben ja keine Erfahrungen machen, da jedes neue Erlebnis dann immer wieder in seinem jeweiligen Bereich die erste Erfahrung unseres Lebens wäre.

Wirf etwas in ein Glas voll Säure, und die Säure wird es nicht nur auflösen, sondern um den geworfenen Gegenstand sogar sprudeln und sich im Kreis drehen, geradeso, als sei sie aus Wut über den feindlichen Eindringling in Rage geraten.

Das glückliche Leben besteht im intelligenten Austausch mit seinesgleichen, alternierend mit zeitweiligem Rückzug auf sich selbst. Ob das gute Leben und das glückliche Leben allerdings ein und dasselbe sind, ist hierbei eine noch offene Frage.

Habe die richtige Seelenverfassung, tue das Rechte und stirb einen großen Tod und nicht den deprimierenden, ekelhaften Tod der Unwissenden. Handelst du nach diesen Grundsätzen, bist du auch noch im Alter schön, und die Sterne werden sich dir zuneigen wie die Pflanzen dem Sonnenlicht.

Das Eisen in unserem Blut ist dasselbe wie das, aus dem Maschinen, Brücken und Fahrzeuge gemacht sind. Und aus Maschinen, Brücken und Fahrzeugen kommt das Eisen in unserem Blut, genauso wie Maschinen, Brücken und Fahrzeuge aus unserem Blut kommen.

Manchmal verbrüdern sich Altes und Neues, ein anderes Mal bekämpfen sie sich, und wieder ein anderes Mal gehen sie widerwillig eine Vernunftehe ein.

In dem Moment, in dem du unsterblich wirst, nimmst du einem anderen Unsterblichen den Platz weg, der dann an deiner Stelle zum Sterblichen wird.

In den Tropen gibt es Orte, an denen viele Mücken sind, und Orte, an denen wenige sind. Und es gibt Tage, an denen sie viel, und Tage, an denen sie wenig stechen. Von den hierauf Aufmerkenden aber hat jeder eine persönliche Privattheorie, woher dies wohl kommen mag. Und diese sich widersprechenden Privattheorien erwarben die Menschen entweder selbst oder übernahmen sie von ihren Eltern, denn es versteht ja kaum einer etwas von Ordnung und Zeit.

Daß Glücklichsein und Unglücklichsein und Lust und Leid aus ein und demselben Urgrund stammen, ist für den Unglücklichen und Leidenden kaum ein Trost, solange er sich nicht von seiner kleinen Privatvernunft weg und der großen Allgemeinvernunft zuwendet. Aber auch für den letzteren Fall gilt noch der Logos, der besagt, daß Privatvernunft die Allgemeinvernunft und die Allgemeinvernunft die Privatvernunft angenehm macht, denn selbst unsere Fehler sind noch notwendiger Bestandteil der Allvernunft.

Durch seine Seele hat der Mensch teil an der Allvernunft, doch solange er lebt, sind seiner Seele derartig die Sinne umnebelt, daß ihm nur in wenigen, hellen Momenten die Allvernunft mehr oder weniger gegenwärtig ist. Dies letztere hält jedoch nur immer kurze Zeit an, und schon versinkt der Mensch, seiner kleinen Privatvernunft folgend, wieder in der tristen Alltäglichkeit, die uns allen soviel Ungemach bringt.

Das ganze Universum lebt und ist in Bewegung. Und die Feststellung: „Auf der Erde können wir leben, nicht aber auf dem Saturn“, ist nur relativ richtig. Eigentlich sollte es heißen: „Verließen wir die Erde und begäben uns auf den Saturn, gingen wir von einer Lebensform in eine andere über."

Beim Spiel mit meiner Katze drehte ich meinen Finger vor ihrem Gesicht im Kreis, und sie folgte mit den Augen der Fingerspitze. Als ich wenig später mit meiner Geliebten im Bett lag, erschien mir ihr jugendliches Gesicht plötzlich katzenhaft, und ich drehte in der gleichen Weise meinen Finger vor ihrem Gesicht. Und sie folgte genauso wie die Katze mit den Augen meiner Fingerspitze. Und so war ein und dieselbe Idee auf Reisen gegangen und im Materiellen, Belebten und Seelischen gleichermaßen beheimatet gewesen.

Durch den Sehsinn kommt der Logos am einleuchtendsten zu uns, denn durch ihn nehmen wir die in und um uns herrschende Bewegung in größeren Zusammenhängen wahr. Aber auch der Hörsinn ist wichtig, da eine Bewegung zumeist von Lauten begleitet ist, die sie noch zusätzlich charakterisieren. Die Meereswelle rauscht, wenn sie sich bricht, die Krähen krächzen bei ihrem Kreisflug, und selbst der anscheinend lautlose Fisch erzeugt durch sein Zappeln Geräusche, wenn man ihn aus dem Wasser zieht.

Der König der Sinne jedoch ist der Tastsinn. Durch ihn kommt nicht nur die Natur eines jeden Gegenstands unmittelbar zum Vorschein, sondern durch ihn nimmt unsere Seele sogar Kontakt mit anderen Seelen auf. Streicheln wir einen belebten Körper, spüren wir an den Fingerspitzen und in den sensiblen Innenflächen unserer Hände das lebendige Einvernehmen unserer eigenen und das der anderen Seele. Und beim Geschlechtsverkehr fühlen wir uns einander so nahe und verbunden, weil über Penis und Vagina zwei Seelen Freudentänze aufführen.

Ein mit Wald bewachsener, felsiger Berg ist ein Widerspruch in sich selbst: Die Wurzeln der Bäume bohren sich in den Fels, und der Fels ragt zwischen den Stämmen der Bäume hervor. Sich ineinanderdrängend, beschützen und erhalten und bekämpfen und zerstören sich Wald und Berg gegenseitig.

Von den vier Elementen wurden Luft, Wasser oder Feuer durch die Philosophen gerne als Grundstoffe vorgeschlagen. Wasser ist ewig bewegt, Luft allgegenwärtig und Feuer zerstörend und erneuernd. Die Erde läßt sich als Grundstoff natürlich genausogut denken, nur muß man sich in diesem Fall beim Denken mehr anstrengen, da Erde auf den ersten Blick statisch wirkt und der Grundstoff naturgemäß den Charakter des Ewig-Bewegten aufweisen muß.

Das Feuer vernichtet die Dinge. Doch was waren die Dinge, bevor sie zu dem wurden, als was das Feuer sie vernichtete, und was sind sie jetzt, nachdem das Feuer sie vernichtet hat?

Ein kleines Mädchen, das am Strand in den Wellen spielte, kreischte, als sie eine große Welle auf sich zukommen sah, kurz auf und bedeckte, während die Welle dann über sie rollte, ihren geneigten Nacken mit beiden Händen. Und Wellen, Seele- und Körperbewegungen waren eins und Teil in ein und demselben Spiel.

Die Vernunft lehrt uns, daß alle Veränderung nur Teil des einen Ewig-Unveränderlichen ist. Hierin gibt sie uns Schmerzfreiheit. Der Selbsterhaltungstrieb jedoch lehrt uns, daß wir allein und losgelöst von allem es uns selbst schuldig sind, auf uns achtzugeben und uns in unserer jetzigen Daseinsform zu erhalten. Hierin ist er Quelle beständigen Schmerzes. Doch so wie der Selbsterhaltungstrieb nur Teil der

Vernunft ist, sind auch die aus ihm resultierenden Handlungen und Gefühle nur Teil des einen Ewig-in-sich-selbst-Bewegten und dabei Ewig-Unveränderlichem.

Die Vernunft kann niemals gänzlich einen Sieg über die niederen Triebe davontragen, denn die niederen Triebe sind ein Teil von ihr. Wäre dem nicht so, könnte die Vernunft eines Tages Vollkommenheit erlangen (denn die niederen Triebe sind es, die sie in erster Linie davon abhalten) und als Folge ihrer Vollkommenheit auf immer stillstehen. Eine Vernunft jedoch, die sich nicht aus sich selbst heraus bewegt, ist ein Widerspruch eo ipso, gemahnend daran, daß Leben ohne Bewegung nirgendwo zu finden ist.

Die Elemente schieben sich ineinander, sowohl wie Liebende, die im Geschlechtsverkehr eins werden wollen, als auch wie Schwertkämpfer, die sich gegenseitig den tödlichen Hieb beibringen wollen.

Unser Leben ist unentrinnbar verbannt in den Bereich des Lebens als solches, und dieses, unser Leben ist sowohl Strafe für die Ungerechtigkeiten, die wir in unserem letzten Leben begingen, als auch Entschädigung für die Ungerechtigkeiten, die uns in unserem letzten Leben zugefügt wurden. Unser nächstes Leben wird abermals sowohl Strafe für die Ungerechtigkeiten sein, die wir in diesem Leben begingen, als auch Entschädigung für die Ungerechtigkeiten, die wir in diesem Leben erlitten. Und so geht es fort, von einer Ewigkeit zur anderen.

Es ist uns allen ein Grundbedürfnis, etwas ein und für allemal Richtiges und Unabänderliches zu kennen, an dem wir uns festhalten können. Der Verständige jedoch weiß, daß es nichts Unveränderliches gibt. Ebendarum ist er mehr als andere in Gefahr, weil er, bedingt durch dieses Wissen, in ständiger Ungeborgenheit lebt. Geborgen ist er nur in sich selbst, aber auch dort nicht in dem Sinne, daß er Unveränderliches fände.

Der der Sprache Mächtige kann jede Sprache erlernen, sofern er dies nur will, da alle Sprachen einen gemeinsamen Urgrund haben und die Unterschiede somit nur im Detail, nicht aber in der Sache selbst liegen. Genauso kann der der Vernunft Mächtige alle Dinge dieser Welt begreifen, da alle Dinge einen gemeinsamen Urgrund haben.

Wenn du am Meeresufer stehst und mit Hilfe des Wortes die Regungen deiner Seele in die Brandung hineinschreist, beginnen diese Regungen ein Spiel mit der Brandung, und die Brandung schreit dann auch in dich hinein.

Gedanken lassen sich deswegen so leicht auf einer Computer-Diskette speichern, weil die Diskette und die Gedanken wesensgleich und im Grunde eins sind.

Das Rund der Erdkugel hat dieselbe seelische Wurzel wie das Rund der weiblichen Brüste und der menschlichen Pobacken. Auch besitzt die Erde Brustwarzen und Ani. Ist doch alles Große der Schöpfung an solche Grundformen gebunden.

Die Eiche trägt Eicheln und der Ölbaum Oliven. Der Vogel legt Eier, und aus der eiförmigen Gebärmutter tritt bei der Geburt der runde Kopf des Neugeborenen zuerst hervor. Denn das Neugeborene war zur Hälfte gezeugt worden von einem eiförmigen Samen des Liebessafts, der, aus dem eiförmigen Hoden kommend, aus der runden Eichel des Mannes hervorgespritzt war, und zur anderen Hälfte aus einem Ei, das sich bei der Frau, aus dem Eileiter kommend, in der Gebärmutter befunden hatte.

Der Sonne Rund, die Kugel der Erde, der drehende Reifen, des Vogels Ei, des Menschen Pobacken und die weiblichen Brüste: Alle haben sie dieses Zentrale, Drehende, Anziehende, Dynamische, Lebensspendende, Schöne.

Der Logos der niederen Instinkte macht uns immer nur zum Verlierer, denn durch ihn wollen wir alle Leben und Macht, und am Ende stehen ja doch nur Tod und Ohnmacht. Der Logos der Erkenntnis jedoch macht uns immer nur zum Gewinner, denn durch ihn sind wir in allem Teil von ewiger Bewegung und ewigem Leben. Dennoch sind die niederen Instinkte wichtig und unverzichtbar, da sie die eine Hälfte des Fundaments der Erkenntnis sind.

Im Bereich des falschen Maßes gibt es wohl ein Zuviel oder Zuwenig der Bewegung, jedoch niemals gibt es Abwesenheit der Bewegung. Und jedes Ding hat seine Zeit, wächst, erreicht seinen Zenit, wird wieder klein und löst sich schließlich auf. Die Bewegung jedoch hat keine Zeit. Sie ist ewig.

Menschen, die der nächtliche Sternenhimmel tief berührt und in ihnen Gedanken und Gefühle bewegt, sind Mund, Speise und Sprache der Menschheit. Menschen, die der nächtliche Sternenhimmel einfach nur kaltläßt, sind Anus, Kot und Furz der Menschheit.

Ein Held sein bedeutet nicht, gewisser Dinge fähig zu sein, sondern ein Held sein bedeutet, einer gewissen Sache unfähig zu sein: etwas anderes zu tun als das, was die innere Haltung einen tun läßt.

Frischer Kot stinkt und erregt solchen Ekel, daß wir ihn nicht anlangen wollen. Zu Erde gewordenen Kot jedoch zerreiben wir gern zwischen den Fingern, finden seinen Geruch angenehm erdig und streuen ihn auf kultivierte Flächen, weil unsere Pflanzen gut darauf gedeihen. Und die Pflanzen tragen Früchte, und wir und die Tiere essen die Pflanzen und ihre Früchte, und die Tiere essen sich gegenseitig, und wir essen die Tiere. Und ständig schaffen wir und die Tiere neuen Kot und somit neue Erde. Und so wandelt sich ständig die gleiche Sache einmal in etwas uns Angenehmes und einmal in etwas uns Unangenehmes.

Für den Tagmenschen ist Morgendämmerung Geburt, Tag Leben, Abenddämmerung Sterben und Nacht Tod. Für den Nachtmenschen hingegen ist Abenddämmerung Geburt, Nacht Leben, Morgendämmerung Sterben und Tag Tod. Daher sind unreife Tag- und Nachtmenschen Feinde, denn sie sehen nur das Gegensätzliche im jeweils anderen, wohingegen reife Tag- und Nachtmenschen Freunde sind, denn sie sehen im jeweils anderen das ihnen selbst Fehlende und sie selbst Ergänzende.

Die vier Elemente in ihrem Wechselspiel sind eines, und sie lieben es, von uns als solches erkannt zu werden, stoßen sie doch geradezu unsere Nase auf diese Erkenntnis, indem in jedem von ihnen die übrigen drei allzeit anwesend sind.

Das Mädchen sagte: „Mach mich nicht an“, und er „machte das Licht wieder an“: Worte mit verschiedener Bedeutung und gleichem Klang werden nur allein, aber nicht im Zusammenhang verwechselt.

Kant hielt die Antinomien für unauflöslich (jedenfalls nach menschlicher Vernunft), und er hielt die um sie entstandenen Streitigkeiten für unnütz und überflüssig, denn er begriff nicht, daß gerade ihre ewigbewegte Unauflöslichkeit ihr Sinn und ihre Auflösung sind; genauso wie unser Zahlensystem ja auch völlig sinnlos wäre, wenn es zu Ende gezählt werden könnte.

Kant sagt: „Der bestirnte Himmel über mir und das moralische Gesetz in mir." Hätte Kant Einsicht besessen, hätte er gesagt: „Der bestirnte Himmel über mir ist das moralische Gesetz in mir."

Kot und Leichenreste von Menschen, Tieren und Pflanzen ergeben als Gemisch die fruchtbarsten Böden, auf denen die nährreichsten Pflanzen wachsen, aus denen wir unser Leben ziehen können. Und so wandelt sich in allem Totes in Lebendes und Lebendes in Totes, und das eine verdaut das andere, um sich am Schluß wieder in sein Gegenteil zu verwandeln.

Wenn wir am Abend vor dem Fernseher Entspannung suchen, vergessen wir nur allzuleicht, daß das, was uns da vorgestellt wird, nur deswegen für uns begreiflich ist, weil dem allen das Gleiche zugrunde liegt wie uns selbst.

Für wie schön wir nicht immer unseren Körper halten, so finden wir doch unseren Kot häßlich und wundern uns, wie aus etwas so Schönem wie unserem Köper etwas so Häßliches kommen kann. Der Kotkäfer jedoch findet den Kot schmackhaft und wundert sich, wie aus etwas so Ungenießbarem wie unserem Körper etwas so Köstliches wie Kot kommen kann.

Es ist auch ein Teil des rechten Maßhaltens in allen Dingen, wenn wir die Welt, so wie sie uns Sterblichen aufgrund unserer Beschränktheit erscheint, für wahr erachten und uns demgemäß verhalten (denn dies zu tun, wurden wir Mensch), solange wir darüber nicht vergessen, ebenfalls auch den Blick zu den Sternen emporzurichten und das allen Dingen Zugrundeliegende zu durchforschen. Denn ersteres ist menschlich und letzteres göttlich, und wir sind beides zugleich.

Wem nicht schon als Mensch göttliche Gerechtigkeit innewohnt, der muß noch viele Male wiedergeboren werden, bis er ein Gott wird, dem Tugendhaften aber steht der ganze Sternenhimmel offen.

Die meisten Philosophen sind wie Bauleute, die sich vergeblich abmühen, einen Torbogen, an dem sie emsig bauen, fertigzustellen, weil sie den Eckstein, über den sie bei jedem Schritt stolpern und an dem sie sich bei jeder Bewegung stoßen, nicht als das erkennen, was er ist.

Das eigentliche Wunder ist nicht, daß das Seiende sich so oder anders verhält und sich uns als Seiendes offenbart, sondern das eigentliche Wunder (und dies zu schauen ist uns durch die Vernunft erlaubt) ist, daß das Seiende überhaupt ist, schon immer war und immer sein wird. Denn es ist ein Wunder, daß etwas, das nie geschaffen wurde, ewig war, ist und sein wird und daß wir dies alles denken können.

Einige Tiere haben ihre harte Schale außen und das Weiche innen, andere haben das Weiche außen und die harte Schale innen. Wir Menschen gehören zur letzteren Gruppe.

Und die Wärme, die die Erde von der Sonne erhält, strahlt hinaus in den Weltraum nach der gleichen Art wie Lichtstrahlen, reflektiert durch einen Spiegel.

Früchte: der Pflanzen Eier.

Blüten: der Pflanzen Uterus.

Federn und Haare: der Vögel und Menschen Blätter.

Glieder: der Tiere und Menschen Zweige und Äste.

Blütenstaub = Samen. Bei Pflanzen fliegt er durch die Luft oder wird von Insekten getragen, und bei Tieren und Menschen gleitet er durch Wäßriges.

Die Vagina ist hohl, der erigierte Penis voll, und somit bringt beides zusammen Frucht hervor. Hohles und Hohles und Volles und Volles jedoch sind unfruchtbar.

Habe ich das kleinste aller Dinge vollständig und in all seinen Verbindungen begriffen, habe ich zugleich auch das ganze Universum begriffen. Der kürzeste Weg jedoch zur rechten Erkenntnis ist die Erforschung des eigenen Selbst, den Blick emporgerichtet zum bestirnten Himmel.

Die innere Haltung des Menschen ist etwas vom Charakter Abgesondertes und Grundverschiedenes, denn erstere ist göttlich und unsterblich, letzterer menschlich und sterblich. Verwechslungen sind freilich nicht selten, da unsere Handlungen bald aus dieser, bald aus jenem kommen. Nur die Selbstkenntnis läßt uns in uns selbst beides unterscheiden und es ist dann (wie in allen Dingen) klug, dem Unsterblichen gegenüber dem Sterblichen den Vorzug zu geben.

Gesundheit ist Gleichgewicht, Krankheit gestörtes Gleichgewicht, weswegen ein Staat, in dem ausgewogene Gewaltenteilung herrscht, ein gesunder Staat, eine Diktatur ohne Gewaltenteilung hingegen ein kranker Staat ist.

Wie könnte aus Unbelebtem Belebtes werden und umgekehrt? Und wie könnte Nicht-Welt die Welt erkennen und umgekehrt? Undenkbar ist, daß sich etwas in etwas wandelt, das es nicht schon ist, und undenkbar ist, daß etwas etwas erkennt, daß es nicht selbst ist.

Wie wäre es wohl möglich, daß aus dem, was wir essen, unser Fleisch entstünde, wenn unser Essen nicht schon unser Fleisch wäre? Und aus dem gleichen Grund müssen auch die Regungen der Seele schon im Wesen der Dinge selbst liegen.

Daß sich im Bereich des Belebten und des Unbelebten dieses oder jenes ausformt, liegt daran, daß diesem oder jenem diese oder jene Idee zugrunde liegt. Und Ideen streiten oder befreunden sich und verkehren auch ansonsten miteinander wie wir Menschen.

Daß das, was ich hier schreibe, Zustimmung, Ablehnung, Weiterdenken, Gleichgültigkeit etc. hervorruft, kommt daher, daß es etwas Seiendes ist und somit auch das Schicksal von allem Seienden teilt.

Daß alles eins ist, ist das Erste. Das Zweite ist, die Gesetze zu erforschen, nach denen dieses Eine in ständigem Wandel und nie endender Veränderung stets gleich und unveränderlich bleibt.

Alles steht unter dem Gesetz der Gegensätze. Woher aber kommen die Gegensätze? Und da die Gegensätze schon immer waren, könnte man an diesem Punkt sogleich mit Heidegger fragen: „Warum ist überhaupt Seiendes und nicht vielmehr nichts?“

Es ist unter den Menschen üblich, gewisse Handlungen zu bestrafen, weil man davon ausgeht, der Handelnde hätte ebensogut auch auf seine straffällige Handlung verzichten können. Verbrechen gegen die Freiheit jedoch, in deren Folge Menschen Handlungen tun, die sie nicht tun wollen, werden nur selten bestraft.

Mündigsein bedeutet zu wissen, was richtig oder falsch ist. Ein jedes Neugeborene ist mündig, denn es weiß genau, was richtig oder falsch ist, und verhält sich dementsprechend. Die meisten Erwachsenen jedoch sind unmündig, und bleibt das Neugeborene ihnen eine Zeitlang ausgeliefert, wird es durch den Umgang mit ihnen gleichfalls unmündig. Man nennt es daraufhin (rein faktisch gesehen sogar mit Recht) ein „unmündiges Kind“. Und die Unmündigkeit bleibt dann zumeist ein Leben lang wie ein böser Rausch. Nur einigen wenigen gelingt es, sich von diesem fatalen Rausch zu ernüchtern, und diese wenigen tun dann gut daran, sich von den Unmündigen fernzuhalten, wollen sie nicht von ihnen getötet werden.

Worte, die wir gesprochen, entweichen augenblicklich und reihen sich sofort ihrem Wesen und den Umständen entsprechend in die Ordnung der Welt ein. Und durch nichts sind sie mehr zurückzunehmen, und durch nichts ist das Geschehene ungeschehen zu machen.

„Schuld“ wird im modernen Sprachgebrauch nur noch selten dynamisch und somit im Sinne von „jemandem oder einer Sache etwas schuldig sein“ verwandt. Vielmehr versteht man heutzutage unter Schuld etwas Statisches, nämlich den Zustand, der in einem zurückbleibt, nachdem man einen Fehler begangen hat. Und da ist es denn nicht verwunderlich, daß viele Menschen Angst vor Schuld haben, denn Dynamisches ist der Ordnung des Lebens gemäß, Statisches jedoch ihr entgegengesetzt.

Salz, das Paradigma aller Dinge: beim Zuviel oder Zuwenig lediglich todbringend, im rechten Maß lebenbringend. Und sogar im rechten Maß noch leben- und todbringend zugleich: ätzend, konservierend, desinfizierend, Speisen Geschmack verleihend. Und im Menschen: Durst, Blutdrucksteigerung, Kraft und Fieber erzeugend.

Sogar der Unvernünftigste hat noch Vernunft, denn selbst wenn sein Denken ganz ohne Vernunft wäre, bliebe noch die Vernunft des Körpers, und selbst wenn sein Leben aufhörte, noch die Vernunft der unbelebten Stoffe.

Das Tier ist innerlich wie äußerlich in die Natur eingebunden. Wir jedoch sind da, wo wir Vernunft sind, genausosehr außerhalb wie innerhalb der Natur, und können uns entscheiden, ob wir gegen oder mit der Natur leben wollen. Wahrhaft hohe Vernunft allerdings ist bereits von Haus aus eins mit der Natur.

Ein Stein kann nur dann einen Berg herunterrollen, wenn die Vernunftkonzeptionen „Stein“, „Berg“ und „Erdanziehung“ im Stein und im Berg lebend vorhanden sind.

Das größte Übel unter Menschen ist, daß Eltern das in ihnen liegende Schlechte an ihre Kinder weitergeben, indem sie die kindliche Schwäche zum Zwecke der Weitergabe ausnutzen. Und die Kinder, selbst zu Eltern geworden, reichen das ihnen solcherart eingeimpfte Schlechte abermals in gleicher Weise an ihre Kinder weiter. Und da die Kinder rein äußerlich scheinbar stets alles ganz anders machen als ihre Eltern, ist dieser Mechanismus zudem auch noch gut getarnt. Hier ist ein Logos der Lüge am Werk, der sich fortpflanzt und der den Wahrheitssuchenden stets erneut auf Irrwege lockt. Der Wissende jedoch könnte beim Anblick all dieser Lügengespinste beruhigt lächeln, wenn sie ihn nur nicht so traurig machten.

Anders als die Tiere im flachen Meerwasser, die sich im Sonnenlicht zwischen Wasserpflanzen tummeln, haben die Tiere am Grund der tiefen Meeressenken noch niemals Licht oder Pflanzen zu sehen bekommen, sondern leben in ewiger Dunkelheit und Kälte. Und kein Kontakt ist möglich zwischen den Seicht- und Tiefwassertieren, denn die ersteren stürben, würden sie zu den letzteren hinabtauchen, und die letzteren stürben, schwämmen sie zu den ersteren hinauf. Und dennoch sind die Tiere der tiefen Meeressenken denen aus dem Flachwasser artverwandt und gleichen Fischen, Krebsen, Quallen und dergleichen. Selbst so farbig wie die Flachwassertiere sind sie, obwohl in der ewigen Dunkelheit, in der sie leben, Farben doch unsichtbar und somit überflüssig sind. Die Verschiedenheit der Umweltbedingungen wirkt folglich nur trennend auf die jeweiligen Tiergattungen, nicht aber auf Ideen.

Vom Alltag, seinem Neid, seinen Zwängen und seiner kleinen, lächerlichen Privatvernunft muß man sich stets aufs neue reinigen und ernüchtern und so immer wieder aufs neue zur Wahrheit gelangen und sich mit ihr anfüllen.

Kürze und Klarheit —> Ausdruck der Reife: Festigkeit, Geborgenheit.

Weitschweifigkeit und Unklarheit —> Ausdruck der Unreife: Instabilität, Grund-Losigkeit.

Wer weiß, weiß, ob er weiß oder nicht weiß. Wer aber nicht weiß, weiß nicht, daß er nicht weiß. Und wer nicht weiß, weiß nicht, daß er nicht weiß, daß er nicht weiß. Und wer nicht weiß, weiß nicht, daß er nicht weiß, daß er nicht weiß, daß er nicht weiß. Und wer nicht ... usf.

Denkt jemand, der denkt, daß er denkt? Ich denke, daß ich denke. Ich denke, daß ich denke, daß ich denke. Ich denke, daß ich denke, daß ich denke, daß ich denke. Ich denke, daß ... usf.: der ewig bewegte und ewig starre Urgrund allen Denkens.

Für die Erde ist die Sonne der Urgrund allen Lebens, denn die Erde gibt ständig Energie ab, weswegen ständig welche hinzugeführt werden muß, und dies geschieht allein von der Sonne. Die Elemente und Stoffe sind zwar unabhängig von der Sonne in konstanter Quantität vorhanden auf der Erde, doch ohne die Sonne würden sie sich nicht bewegen. Und der Lebenskreislauf, der darin besteht, daß die Pflanzen von Tieren und Tiere von Tieren und beide wiederum von den Menschen gegessen werden und alle drei immerzu Erde werden, um dann abermals Pflanze, Tier und Mensch zu sein, könnte nicht bestehen, gäbe es nicht die Sonne, die das Leben eines jeden und vor allem das der Pflanzen zuallererst ermöglicht.

Sonnenanbeter haben eine Ahnung von der Wahrheit, sehen sie doch einen wichtigen Ausschnitt von ihr mit großer Deutlichkeit.

Die Redensarten „Gleich und Gleich gesellt sich gern" und „Gegensätze ziehen sich an" geben die Wahrheit nur unvollständig wieder. Denn in der Tat besteht zwischen Gleichem und zwischen Gegensätzen ein jeweils verschieden gearteter, aber doch gleichermaßen unlösbarer Zusammenhang. Was dem Ganzen jedoch Leben gibt, ist die Tatsache, daß Gleiches sich manchmal anzieht und manchmal abstößt und daß Gegensätzliches ebenfalls sich manchmal anzieht und sich manchmal abstößt. Denn nur die beständige Umpolung der Stoßrichtung garantiert in beiden Fällen den ewigen Fortschritt der kosmischen Harmonie.

Leeres hat keinen Bestand, denn Lückenfüllen gehört zu den Grundprinzipien der Natur. Treibt doch der Wind die Erde sogar in die abgelegensten, kahlen Felsenritzen, wo alsdann Pflanzen wachsen, die abgestorben noch mehr Erde bilden, auf der mit der Zeit immer größere Pflanzen wachsen, bis endlich der kahle Fels ganz verschwunden ist, weil sich über ihm ein Wald gebildet hat.

Auf dem Papier abgedruckt liegen Gedanken brach, und von der Kopiermaschine werden sie als Totes kopiert. Vom Menschen gelesen und verstanden jedoch werden sie lebendig, denn er ist das beste Medium, das es gibt, wenn es darum geht, Denken und Welt zu verbinden.

Ein Film ist ein seltsamer Widerspruch: Er läuft vor uns ab, wird gesehen, gehört und gefühlt und ist somit Teil des Lebens. Gleichzeitig aber ist er eben doch nur eine tote Abbildung des Lebens und nicht Teil des Lebens.

Die Erde: Aus ihr kommt alles, in sie kehrt alles zurück. Nachdem das Vitale einer Sache entzogen ist, wird sie Erde: Zum Beispiel die Nahrung, die wir essen, wird, nachdem sie durch uns durchgegangen ist und wir ihr das Vitale entzogen haben, Erde.

Durch unsere Schleimhäute, die größtenteils innerhalb des Körpers sind, stehen wir mit der Außenwelt enger in Verbindung als durch unsere Außenhaut, die außerhalb des Körpers ist.

Hinweise zum rechten Handeln

Tun, was die Natur will, und sich von ihr dabei helfen lassen.

Niemals einem Menschen sagen, was er tun soll.

Nichts tun, was man nicht sofort und ohne Zweifel für richtig hält.

Nur dienen, wem man aus freien Stücken dienen will, und sich nur bedienen lassen von dem, der einem aus freien Stücken dienen will.

Auf jedermanns Stimme hören, aber nur der inneren Stimme folgen.

Im eigenen Kind nicht Nutzen, sondern Freude suchen.

Den Herrn nicht zum Sklaven und den Sklaven nicht zum Herrn machen.

Immer nur man selbst sein.

Die wahre Meinung aus der Verschiedenheit der Meinungen ableiten.

Liebe durch Freundschaft befestigen.

Durch Selbstkenntnis in sich selbst Ruhe finden.

Hinter dem Gesagten das Verschwiegene ahnen.

Das Glück durch Maßhalten absichern.

Nicht das Angenehme und Leichte, sondern das Richtige tun.

Den vielen keine Beachtung schenken.

Durch Selbstverständnis andere verstehen.

Mit großen Dingen soviel Zeit wie möglich, mit alltäglichen soviel wie nötig zubringen.

Vor Armut und Reichtum gleichermaßen auf der Hut sein.

Niemals Dumme zu belehren suchen.

Dem Sklaven schaden, der Herren unter sich hat, und dem Herrn helfen, der Sklaven über sich hat.

Menschen nicht trauen, die so sind wie alle anderen.

Den Schlechten mit seiner Schlechtigkeit allein lassen.

Niemals müssen oder wollen, sondern immer nur sein.

Fehler eingestehen.

Menschen nicht hassen wegen des Unrechts, das sie an einem begangen haben, sondern wegen der schlechten Gründe, aus denen heraus sie Unrecht tun.

Aus der Vergangenheit lernen, in der Gegenwart leben, für die Zukunft vorsorgen.

Krankheiten nicht als körperliches Problem betrachten.

Nichts für wahr halten, das nicht als solches erscheint.

Risiken berechnen.

Sich nicht um die Meinung kümmern, die andere von einem haben, sondern das Richtige tun.

Seinen Platz in der Welt gemäß der eigenen Natur bestimmen.

Nicht unterdrücken und sich nicht unterdrücken lassen.

Wissen, wann man einem anderen etwas schuldig ist.

Die Menschen für wichtiger als die Welt halten.

Zeitlos große Menschen ehren.

Dem Gefallenen wieder aufhelfen.

Den Unrecht Tuenden nicht als Menschen, sondern als Teil des Unrechts hassen.

Anderer Klugheit zur eigenen machen.

Auf nächtliche Träume achtgeben.

Gewinn und Verlust gleichermaßen gelassen ertragen.

Wissen, was wichtig ist.

Nicht jemanden bevorzugen, weil er ein Verwandter ist.

Das Mißtrauen gegenüber anderen durch Selbstvertrauen ausgleichen.

Nicht für richtig halten, was andere für richtig halten, sondern was richtig ist.

Nicht Vater und Mutter ehren, sondern jeweils den, der Ehre verdient.

Den Gestorbenen nicht betrauern, sondern beurteilen.

Im eigenen Haus keine Feinde haben.

Hinter dem Sein das Denken erkennen.

Bedürfnisse befriedigen.

Die Gesundheit erhalten.

Kinder liebhaben.

Bedürftigen vom eigenen Überfluß abgeben.

Die vielen bemitleiden.

Wissen für besser halten als Vertrauen.

Durch Man-selbst-Sein in jedem Augenblick unabhängig von Begierden werden.

Nichts in Bewegung bringen, das sich später gegen einen stellen könnte.

Beim An- und Verkauf gleichermaßen den rechten Preis berechnen.

Sich niemals in eine Lage begeben, in der man gezwungen sein könnte zu tun, was man nicht will.

Seine Stärken und Schwächen kennen.

Schmerzen nur dann verdrängen, wenn man ihnen nicht ausweichen kann.

Den nächtlichen Sternenhimmel betrachten.

Dir selbst gegenüber die gleiche Gerechtigkeit wie gegenüber anderen gebrauchen und umgekehrt.

Macht nicht für Befähigung halten.

Nichts grundlos tun.

Niemanden herausfordern, doch sich wehren, wenn man angegriffen wird.

Nahendes Unheil durch Vorahnung zum Nutzen wenden.

Schmerzen als Warnsignale betrachten.

Nicht an der Vernunft, sondern an der Einsicht des anderen zweifeln.

Kindern für die Freude danken, die sie einem schenken.

Aus Angst vor Unverstand Macht beschränkt halten.

Unglück daraufhin überprüfen, ob es nicht Überleitung zum Glück werden kann und umgekehrt.

Beim Gedanken an den Tod guten Mutes sein.

Beim Geschlechtsverkehr nicht lachen.

Das Leben ernst nehmen.

Niemals grund-los sein.

Lieber sterben als werden wie die vielen. Denn ersteres bringt nur einmal Unglück, letzteres immer und in alle Ewigkeit.

Durch Licht alle Wege klar sehen und durch Einsicht den rechten wählen.

Das eigene Leben bedachtsam pflegen, aber seine Erhaltung nicht als das höchste Gut betrachten.